トークいらずの営業術

［新装版］

メンタリスト
DaiGo

はじめに

こんにちは、メンタリストＤａｉＧｏです。

この本を手にとっていただいたということは、あなたは営業についてなにか思うところがあるのだろうと思います。

きっとあなたは、もうすでにさまざまな営業に関する本をお読みになっているでしょう。

もしかするとあなたは、メンタリストＤａｉＧｏが営業について語れるのかという疑問をお持ちかもしれません。

実を言うと私は、今でこそ会社を作り、交渉や営業を担当してくれるスタッフがいますが、駆け出しの頃は人を雇うお金がありませんでしたから、何から何まで１人でやっていた時期があったのです。

その頃に、特に勉強になった経験が営業なのです。当時、営業であちこち駆けまわった経験は、今でも人間心理の理解やビジネスに活きています。

そうなのです。実は営業は、あらゆる仕事に応用できる力を身につけられるのです。たとえあなたが営業以外の仕事につくことになったとしても、その経験は今後の人生に間違いなく役に立つのです。

そのためには、営業だけでしか使えないような小手先のテクニックを求めるのではなく、営業を通して身に付けられる応用性の高い力を意識することが大切です。


さて、ご存知の通り、巷には多くの営業本があふれています。その多くは営業トークを中心としたテクニックや経験則を紹介するものです。

もちろん、営業トークと言われるように、営業は話術が重要になるから、トークテクニック中心の本が多いのは当たり前だろうと、あなたは思うかもしれません。

しかし、営業にもっとも必要なのはそういったトーク力なのでしょうか。


わかりやすい例を1つ考えてみましょう。例えば、あなたがなにか重要な契約をしたり、大きな買い物をしようとしているとします。

あなたの目の前には、信頼できる取引相手がいます。

「この人に任せておけば安心して仕事ができる、間違いない」心からそう思える相手はどんな人でしょうか、想像してみてください。

おそらく、あなたが想像した相手は、べらべらとしゃべるのがうまい相手というよりは、あなたの話を親身になってよく聞いてくれる、判断力と行動力のある相手なのではないでしょうか。

確かに〝しゃべるのがうまい相手〟はとっつきやすく、いかにも場の空気を支配しているように見えます。

しかし、小さな買い物やちょっとした取引ならともかく、ビジネスにおける大きな決断が必要な場面では、しゃべるのがうまいだけでは信頼感が足りないのです。

むしろ付け焼刃的に自分のものになっていないトークテクニックに頼れば、口ばかりの人間に見えてしまい、逆効果になる場合すらあるのです。

この本では営業トークに頼らないで、契約を取り、商品を売るために必要となる「5

つの力」についてご紹介します。

それは人を観察し、その欲求や本音を理解するための「観察力」、観察によって得られた情報をもとに、いかに素早く決断するための「判断力」、判断にもとづき、最適なアクションを取るための「行動力」、クライアントを納得させ、信頼を勝ち取り、決断させるための「説得力」、そしてチャンスをうかがい最高の成果を勝ち取るための「忍耐力」です。

本編では、具体的にこれらの力をどのように高めていくか、どのように利用していくかについてお話しします。


もちろん、営業トークがうまいに越したことはありませんが、この本ではそれ以上に大事な力があるということをお伝えしたいのです。

そのため、この本ではそういった営業トークに関する話にはほとんど触れていません。むしろ、今まであまり触れられることのなかったトーク以外の部分について、心理学をはじめとするさまざまな角度から営業に役立つ知識をお伝えできればと思っています。

Chapter 3
「判断力」を鍛えて確実に売る

Chapter 4

「行動力」でチャレンジ回数を増やす

Chapter 5

「説得力」は言い方の技術

Chapter 6
「忍耐力」で現状を変える

Chapter 7

勝てる営業になる

Chapter 1

デキる営業は トークに頼らない

営業の決め手は
トーク力ではない

同じ商品を売っているのに、自分よりも売り上げがいい同僚がいる。経験年数も変わらないし、古くからの顧客を抱えているわけでもない。上司から特別目をかけられて条件をよくしてもらっているわけでもない。なのに、営業成績がグングン伸びている。自分の成績は一向に上がらないのに……。

こうして悩んだあげく、営業に行くふりをして喫茶店や映画館で時間をつぶしたり、パチンコをしたり……こうなると、すでに「営業失格」。むしろ、社会人失格です。

「失格」という烙印を押されたいと思う人はいません。多くの営業は「こうはなるまい」と思いながら、毎日努力し続けているでしょう。そしてさらに、業績を伸ばしている同僚と比べて自分には何が足りないのかと考え、思い悩みます。

例えば、こんなふうに考えたことはありませんか？　トップ営業は、他には真似のできない特別な「何か」を持っている。どんなに条件が悪くても、言葉を重ねることでその場の雰囲気を変えてしまう。どんな相手でも、彼がしゃべっているうちに引き込まれてしまう。それこそが、すべての人をその気にさせる「トーク力」だ、と。

しかし、ここで一度考えていただきたいのです。

「トーク力があれば、どんなモノでも買わせることは可能か？」と。

本当に、トーク力さえあれば、人にモノを買わせたり、商談をまとめることができるのでしょうか。


おもしろいことに、営業がうまくいっていない人ほど「営業にはトーク力が不可欠」で、「自分にはその力がないから、営業がうまくいかないのだ」と思い込みます。

まず、私が強く言いたいのは**「営業の決め手はトーク力ではない」**ということです。

「営業力＝トーク力」と思い込んでいる人にとって、この言葉は素直に入ってこないかもしれません。

しかし、考えてみてください。あなたが今、買ってよかったと満足しているモノ、気に入っているモノ、好きなモノの中で、「最初は買う気がなかったのに、店員が強く勧めるその言葉を聞いて、つい買ってしまった」というモノは、一体いくつあるでしょう。「多少は興味があった」とか「実は欲しいと思っていた」というケースを別にすると、意外なほど「店員のトーク力で買ったモノ」、ましてや「トークに惹かれて買って、とても満足しているモノ」は少ないはずです。むしろ、「うっかり口車に乗せられて買ったけれど、とても後悔している。二度とあの店には行かない」というモノのほうが多いのではないでしょうか。

トーク力だけで営業を成功させる確率がゼロとはいいません。しかし、トーク力だけで営業すると、よい結果にならないことが多いのです。

まずは「営業力＝トーク力」という思い込みをはずすことが必要です。

売りたいモノについての知識を並べ立て、相手を持ち上げ、ときに笑わせ、そしてときには真剣な表情で語り、まさに「立て板に水のごとく」しゃべりまくり、押しの強さで自分のペースに相手を巻き込んで、商談をまとめてしまう。

「営業」に対してこんなイメージを持つ人はたくさんいます。おそらく、テレビドラマでの営業もこのイメージを踏襲しているのではないでしょうか。

営業職と関係ない人がこうしたイメージを持っているのは、特に問題はありません。

問題なのは「営業」という職業に就いているのに、こうしたイメージを持ってしまうことです。

さらに問題なのは、「営業はトークが決め手」と思い込んだあげくに「自分もトーク力を身につけなければ、営業成績を上げることは不可能だ」と自らを追い詰めていくこと。

トークに力を入れることで少しでも売れるようになればいいのですが、得てしてそうはいきません。「口ばかり」というネガティブなイメージを抱かせてしまって終わり、という失敗談が増えるだけです。その結果、陥るのが「トーク力のない自分は営業失格」という自己嫌悪だとしたら、なんとも虚しい話ではありませんか。

なぜなら、営業にとって必要な力は決してトーク力ではないからです。

このことを証明するため、自分自身が営業トークに乗ってよい買い物をしたことがあるか、思い出してみることをお勧めしました。その結果は、お伝えした通りです。

これは、人が決して「トーク力」に動かされるわけではないことの証明です。

これが惜しい営業vsデキる営業だ！

惜しい営業　　デキる営業

「人から見られている自分」を意識し、よりポジティブな印象を作り上げていくのがデキる営業。惜しい営業は自信のなさが印象を落としてしまい、さらにそんな自分に気づけない。

営業は「買いたい人」を見分けるだけ

「自分はどんなときにモノを買ったか」を思い出してください。それも、ちょっと金額が張るモノを買ったときのことを。おそらく、あなたはそのモノが「前から欲しかった」あるいは「必要だと思っていた」はずです。

これは特に男性に顕著なのですが、欲しいモノがあるとどれがもっとも自分に合っているか、事前にネットでスペックを比較検討し、さらにどこで購入すればもっとも安いのかまでを下調べする人が多くなってきました。

しかし、そういった下調べをしていない場合でも、例えば「どれを」買うかはまだ決めかねているようなときでも、吸い込まれるようにして入った店で担当の店員の話を聞いているうち、まるで背中を押されるようにして買ってしまうことはよくあるのではないでしょうか。

営業が成功するもっとも理想的なパターンは、「今日買う気はなかったが、いろいろと話を聞いているうちに決断してしまった」というケースです。

そのとき、まず決め手になっているのは「元々欲しいと思っていた」あるいは「前から興味を持っていた」というモノだということ。
興味のないモノ、必要と思っていないモノに関して、どんなに魅力的な言葉を重ねられても「買う」という決断には至らないはずですし、もし万が一買ってしまったとしたら、「乗せられて買ってしまった」という苦い記憶になっていることでしょう。

そう、営業が忘れていること、もしかしたら目を背けようとしているかもしれない真実があります。それは、**「自分が欲しい、または必要と思わない限り、人はモノを買おうとはしない」**ということ。

これは、会社同士の商談をまとめるときにも同じことがいえます。
「自分の会社にとって有益な商談か」あるいは「この商談をまとめることで自分にメリットがあるか」。このどちらかでない限り、商談はまとまらないのです。

だとすると、「営業」という行為の目的がはっきりしてくるのではないでしょうか。
営業を成功させるために必要なのは、まず**「欲しいと思っている人を見抜くこと」**。

そして**「買う側にメリットがあると思わせること」**。

そうでもないのに買わせることに成功したとしても、おそらく相手は「口車に乗って買わされてしまった」と後悔することでしょう。そして、そうした体験をさせられた相手とは、二度と会いたくないと思うのは確実です。

それでは顧客を増やすどころか、どんどん人が離れていくだけ。営業として失格です。

「トーク力を駆使すれば相手をその気にさせて売り上げをアップさせることができる」と思い込んでいるとしたら、それは大きな間違いなのです。

売り子に学ぶ、客を逃さない工夫とは？

野球観戦に行く人なら、大きなタンクを背負った女性がビールを売っている光景はおなじみでしょう。

「売り子」と呼ばれる彼女たちは、それぞれのメーカーが派遣するスタッフ。メーカーによってソフトドリンクやチューハイもあるなど、品揃えに多少の違いはありますが、主力商品はいずれもビールで、値段もほとんど変わりません。おまけがつくとか、売り子によって特別なサービスをプラスすることはありません。彼女たちがビールを売るための方法はスタンドを行き来して「ビールはいかがですか」と声を上げるだけ。

それだというのに、他の売り子と比べて数倍も多く売り上げる「カリスマ」と呼ばれる売り子がいます。彼女たちは、タレントのような容姿揃い、というわけではありません。**それぞれが実に細かい工夫や努力を重ねているのです。**

新米売り子は、重いビールのタンクを背負うと、「ビールいかがですか」と声を枯らして野球場のスタンドを行き来するのに必死です。そして、ビールが売れるとこぼれないように集中して注ぎ、再び声を上げながら、階段を上り下りします。

その間に、カリスマ売り子はどんどんビールを売っていきます。その光景を見て、新米は「自分と彼女のどこが違うのだろう」と考えることもあるでしょう。

新米とカリスマのどこが違うのでしょうか。

ここで、テレビで紹介されたことのある、1人のカリスマ売り子がやっていることを紹介しましょう。

・球場全体を見渡し、他の売り子が少ないアルプススタンドの上のほうで売る。
・ビールを注いでいる間も周囲をチェック。売り子を探している客がいたら、すかさず声をかけて自分が行くまで待たせる。
・団体客が来ても、全員が落ち着いて座るまで声をかけない。
・試合が盛り上がっているときは声をかけない。
・常連客を持ち、その人を見つけたら必ず声をかける。
・親しくなった客の次回観戦日を聞き出し、常連客にする。

カリスマと呼ばれる売り子でも客と交わす言葉は、ごくわずか。

「ビールいかがですか」は必要不可欠だとしても、他は「今行きますね」「ちょっと待っててくださいね」くらい。あとはホームランが出たときに一緒に喜んだり、「冷えてますよ」と一言添えるくらい。特別な言葉があるとしたら、常連客に対する「次はいつ来ますか？」「次の席はどこですか？」があるくらいです。

それ以上に客と会話することもなければ、特別な言葉や言い方でビールの魅力を伝えることもありません。もちろん、「他の売り子からではなく自分からビールを買ったら、どれほどメリットがあるか」など、話すはずもありません。

つまり、**カリスマ売り子はほとんど「トーク力」を使っていないのです。**

これは、「野球場のビール売りという特殊なビジネス」の話ではありません。ここには、「モノを売る」ことを仕事にしているすべての人が、参考にできるノウハウが詰まっています。

ビールの売り子からセールス、そして企業間の営業まで、すべての「モノを売る」仕事に通じる力とは、売れる客を逃さない工夫なのです。

トーク力より大切な「5つの力」とは？

もう少し、ビール売り子の話を続けましょう。

カリスマ売り子は、周囲をよく見ています。他の売り子が少ない場所はないか、常連客の姿はないか、団体客はどんな動きをしているのか。

そして、よく見た結果、自分がどうするべきかを判断します。

そして、判断に従ってすぐに行動します。

ときには、他の売り子が行きたがらないアルプススタンドの上のほうまで回ることもありますし、誰よりも先に売りたいという気持ちを抑え、客が落ち着いて買える状態になるまで待つこともあります。

客からすれば、どこかに売り子がいないかと探して視線を上げたとたんにタイミングよく声をかけてくれたり、自分が欲しいと思った瞬間に声をかけてくれるのだから、彼女が走ってくるまで待ってもいいかなという気持ちになるのです。

ここにあるのは、「観察力」「判断力」「行動力」「説得力」「忍耐力」の5つの力です。

本当に営業に必要なのはこの5つの力であり、**売れる営業になるためには、この5つの力を身につけることが不可欠なのです。**

「営利を目的として業務を行うこと」

ウィキペディアで「営業」を調べると、こう説明されています。しかし、今は「営業」とは行為であると同時に、その行為を行う人を指していることが多いのではないでしょうか。「自社の商品を売る人」「契約を取ってくる人」であり、中には「利益を出す人」を指すという答えもあります。

私が「営業にトーク力は不要」と繰り返し述べてきた理由は、ここにあります。言葉巧みに他人をその気にさせて、財布を開かせることは可能かもしれません。しかし、そうした営業方法で、本当に「利益」をもたらすことができるのでしょうか。

一般の人は、「営業」とは、「商品の特徴や魅力を最大限に伝えるために言葉を重ね、相手の気分をよくするためにお世辞やおべんちゃらを並べる」人と考えています。同業者でさえ、同じイメージを持っていることがあります。

しかし、営業に本当に必要なのは「5つの力」です。先の項で再三登場してもらった、ビール売り子のケースでお伝えしましょう。

まず、周囲をよく見る力＝「観察力」です。

見つけた客に対し、自分はどうするべきかを決める力＝「判断力」です。

自分が何をすべきかを決めたらすぐに行動に移す力＝「行動力」です。

さらに、相手の決断を後押しする力＝「説得力」です。

そして、ときには我慢する力＝「忍耐力」です。

これが、営業を成功に導くための「5つの力」です。

それがどんなものなのか、次の章から1つずつ詳しく説明していきましょう。

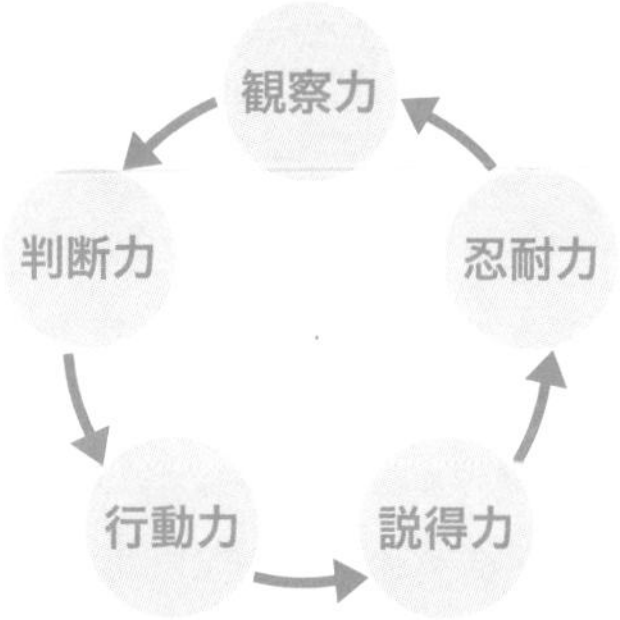

「観察力」を元に判断し、「判断力」を元に行動を起こし、「行動力」を発揮したことで「説得力」が生まれ、説得が功を奏したときでもタイミングを待つ「忍耐力」が必要になる。こうして営業が成功したら、新たな観察が始まる、というように「5つの力」は互いにつながりあっている。

まとめ

☑ トークに頼るのをやめる

営業がうまくいかない人ほど、その原因を「トーク力」に求めがち。業績を上げている営業を見ても、その理由は「トーク力」にあると思い込んでしまう。それにより、本当に大事なものが見えなくなってしまうことに。まずは「トーク力が決め手」という思い込みを捨てることが必要。

☑ 営業の基本は「買いたい人に売る」

仮に凄腕の営業がいたとしても、欲しくないと思っている人に買わせることは不可能。営業を成功させるには、「欲しいと思っている人を見抜く」「メリットがあると思わせる」こと。そうでない人に売ることは、顧客を減らす結果に終わることに気づくことが大切。

☑ 営業に必要な「5つの力」を知る

相手の状態を見抜く「観察力」、売れるかどうか、あるいはどういう売り方をするかを決める「判断力」、それを実行に移す「行動力」、相手を動かす「説得力」、タイミングを待つ「忍耐力」。この5つが必要だと、まずは自覚すること。これらの力を鍛えれば営業は成功する！

「観察力」で情報を引き出す

Chapter 2

観察力

買う客が必ずするしぐさとは？

営業はもちろんのこと、すべてのビジネスにおいてもっとも重要な力。それは、よくいわれる「交渉力」や「調整力」ではありません。それよりも必要なのは、「観察力」です。

例えば、家電量販店での人の動きを思い浮かべてください。

家電量販店には2種類の客がいます。1つは「モノを買いに来ている客」、そしてもう1つは「モノを買うつもりがない客」です。

例えばケーキ店では店に入った客のほとんどが、ケーキを買っていきます。ところが、多くの店舗では「モノを買いに来ている客」と「モノを買うつもりがない客」が混在するようになります。特に家電量販店ではこの傾向が顕著だといえます。「買わない客」の中にも、「今日は買わないけれど、いずれ買うつもりのモノを見に来た」「評判の新製品を見に来た」という将来的に見込みのある客もいますが、中には「暑いので涼みに来た」「なんとなく入ってみた」という、単なる冷やかしの客もいます。

店を訪れた客すべてに声をかけても、本当に買う客に当たる確率は低いと言わざるを得ないのが、家電量販店の特徴です。だから、店に入ってきた客の中から「買う客」を見分け、そしてベストなタイミングで近づき、声をかける。これが家電量販店における優秀な店員の営業行動です。

ここで発揮するのが、まさしく「観察力」。

例えば、買うモノをしっかりと決めてきた客は、売り場に来たらまっすぐにその商品の元へ向かいます。決して他のコーナーをぐるぐる回ったりはしません。そして、商品のチェックの仕方が具体的です。テレビならリモコンをチェックする、カメラなら実際に構えてみたり重さをチェックする、他の家電でも値札に書いてある細かなスペックをチェックしている。これは、「今日買うつもり」の証拠です。

こうした〝買う行動〟を見分ける力、つまり「観察力」を持つことが、最重要なのです。

観察力が必要なのは、店舗での販売だけではありません。

例えば取引先に商談に行ったとき、自分が持ってきた話に興味を持っているのか、そうでないのかに始まり、相手が会社でどのようなポジションにいて、この商談に何を求めているのかまで見極めることができれば、営業はもっとスムーズになります。

これに対し、業績が今ひとつ上がらない営業にありがちな失敗ケースが、「観察力のなさからくる空回り」です。

業績が今ひとつの営業は、どんな相手にでも「なんとか売ろう」とします。そして、営業はトークが決め手だと信じています。そこで何が起きるでしょう。相手が乗り気でもないのに、商品の魅力をまくしたて、メリットを並べてしまうのです。

人は、相手に一方的にしゃべられると、なんとかその場から逃げようとする心理が働きます。これは、街中でまったく興味のない商品についてのキャッチセールスに引っかかってしまったときの気持ちを思い出せば、誰もが納得するのではないでしょうか。そうしたときは「一刻も早くこの場を立ち去りたい」と思うはずです。

営業の最初の段階で、相手が「興味を持っているかどうか」「欲しいと思っているかどうか」を見極める。その上で対処法を考える。

この2段階は、無駄な労力を払わないためにも、とても重要なことなのです。

観察力

視線と笑顔。これだけで本音はここまでわかる

初対面の相手に何かを説明している、というシーンを思い浮かべてください。

初めての相手と話すことに対して苦手意識はあるものの、思ったよりスムーズに、そしていつもよりわかりやすく話せているという実感があったとします。

手元の資料を指し示しながら話していて、ふと顔を上げたとき、資料に目を落としている相手が「への字口」になっていたとしたら、あなたはどう思うでしょう。

おそらく、「うまくいっている、手応えあり」とは思わないのではないでしょうか。

なぜなら、相手が今抱いている、「この話に飽きている」「信じていない」「早く終わらせたがっている」という気持ちを感じ取ってしまったからです。

反対に、話を聞いてくれている相手の口角が上がっている〝微笑みの形〟になっていたときには、好感触を実感して心の中でガッツポーズをするかもしれません。

このように、「相手の表情から気持ちを読み取る」ということは、心理営業術の初歩といえるでしょう。

これをもっと深めれば、話し始めてすぐに相手の心理状態をつかむことができます。

「相手や社内の現状」や「興味のある話題とそうでない話題」をつかむことができれば、次に何を話すべきか、どういう提案をすればよいかなど、その後の展開をリードしやすくなります。これは、その場の空気をコントロールできるようになり、会話の主導権を握れるということ。営業を成功させる、大きな力になってくれます。

では、ここで顔や体に表れる、相手の心理状態をご紹介しましょう。

◆視線

商談などで相手と話しているときは、その視線の動きに注目しましょう。視線が横に動いていたら、それは俗にいう「目が泳ぐ」という状態。相手はあなた、もしくはあなたの話に興味を失っている可能性が大です。そうではなく、**視線が縦に動いていたら、あなたやあなたの話に興味があります。**

◆笑顔

商談でも接客でも、人と人が顔を合わせて会話をしているとき、それがクレームなど怒りの対応でない限りは「笑顔」が表れます。好意を示すため、その場の雰囲気を壊さないためなど、さまざまな理由で人は「笑顔でいよう」とするものです。

ただし、笑顔には2つの種類があります。それは「本当に心から出た笑顔」と「その場を取り繕うためのつくり笑い」、意味がまったく異なります。

では、「本物の笑顔」とはどういうものでしょう。

これについては19世紀のフランスの精神内科医、ギヨーム・デュシエンヌが定めた次のような明確な定義があります。

・口角が左右均等に上がっていること。
・左右の目尻にカラスの足跡のようなシワができていること。

これは「真正微笑」「デュシエンヌスマイル」とも呼ばれています。

デュシエンヌスマイルについて、おもしろい報告があります。カリフォルニア大学バークレー校が学生の30年後を調査したところ、「卒業アルバムでデュシエンヌスマイルができている人は、できていない人に比べて幸福で健康で、さらに結婚している率も高い」という結果が出たのです。

もし、相手がデュシエンヌスマイルで対応してくれたとしたら、その商談は間違いなくうまくいくと思っていいでしょう。

理由は2つあります。まず1つめは、その笑顔が「あなたに対して好意的」だという証拠だから。

そしてもう1つ、デュシエンヌスマイルができるということは、その人はとても「ポジティブで幸福」だということに他ならないから。そうした人は、あなたの意見を受け入れて商談を進めてくれるでしょう。

また、そうした人と仕事をすることで、その人が持っているいい面が自分にも表れるようになるのです。つまり、幸福感はまるでウイルスのように伝染する、ということ。

笑顔から商談の可能性を探る

商談相手がデュシエンヌスマイル（真正微笑）で対応してくれたら、商談はうまくいく可能性大。笑顔の種類を見極めよう。

自分に好意を持ってくれているなら商談はうまくいく確率が高いし、さらに一緒に仕事をすることで自分にもいい影響が表れるのです。

それは、「幸福な人と関わりを持つと、自分も幸福になれる」という、「幸福感の法則」があるからです。もしデュシエンヌスマイルの持ち主と会う機会があったら、ぜひその人と一緒に仕事ができるよう、気合いを入れたいですね。

では、相手にデュシエンヌスマイルが見られなかったら、どうでしょう。つまり、「口元が歪んでいて、目が笑っていない」状態で、明らかな作り笑いだった場合は、自分に、あるいはこの商談に興味がないのかもしれません。こうしたときは相手のしぐさに注目し、もう少し観察を続けましょう。

◆口元

話している相手の口元をよく観察します。話している間に唇を少しなめる、または水やお茶をよく口にするといった行動はないでしょうか。

もし、自分が話している間に相手がこうした行動を繰り返していたら、それは相手を緊張させている証拠。こうしたときは、相手にむやみにプレッシャーを与えていないかを確認し、少し落ち着きを取り戻すことが必要です。

また、この行動は嘘をついているときにも表れます。

相手が話しているとき、特に相手が条件や自社の業績について話しているときにこの行動が出たら、嘘の可能性が高いので、気をつけましょう。

◆まばたき

アメリカ第43代大統領、ジョージ・W・ブッシュが大統領選を戦ったとき、有力な対立候補にマイケル・デュカキスがいました。両者の支持率は拮抗していたのですが、あるテレビ討論会でガラッと潮目が変わり、ブッシュが優勢に立ちました。

口元を見て相手の本音を見抜く

・唇を少しなめる
・しきりにお茶を飲む
緊張している
嘘をついている場合も

その理由が、まばたき。討論会の間、デュカキスのまばたきが多かったのです。

アメリカの心理学者、トーエッツは多くのサンプルから「人は緊張状態に陥ったり劣勢に立たされたとき、まばたきの回数が増える」と発表しました。

人は通常の状態で1分間に20回まばたきをするといいます。ところが極度の緊張状態に陥ったり、劣勢に立たされて苦しんでいるとき、まばたきの回数は1分間に60回まで増えてしまうのです。

まばたきが多いと、見る人にも落ち着きのなさや自信のなさを与えます。その結果、デュカキスは一気に支持層を手放すことになってしまいました。

もし、営業をしているときに相手のまばたきが多くなったら、それは無用なプレッシャーを与えている可能性が高い、ということ。

アプローチの方法を修正したほうがよさそうです。

気持ちや感情、そして物事に対するポジティブさは表情に表れています。ですから、営業における「観察力」は、相手の顔、表情を見ることがはじめの一歩になるのです。

観察力

このしぐさが
クロージング成功の
サイン

次にチェックするのは、「自分と話しているうちに、相手にどのような変化が生まれたか」。

「第一印象が大事」とはよく聞く言葉です。もちろん、これは1つの真実であることに間違いありません。しかし、第一印象はあまりいいものではなかったとしても、話しているうちに相手への好感度がアップしたり、相手の話に興味が湧いてくることはよくあります。

人間関係、特にビジネスシーンでは「第一印象」などあっけなく崩れてしまうことはよくあるのです。

第一印象は覇気がなくて暗さを感じていた相手も、訥々《とつとつ》とした語り口に誠実さを感じるようになったりします。興味のなかった話が、聞いているうちにとても魅力的だと引き込まれることは珍しくありません。

ですから、もし自分が第一印象でよい反応を得られなかったり、望ましい表情を引き出すことができなかったとしても、そこで諦めることはありません。もちろん「嫌われた！」と絶望する必要もないのです。

そんなときに観察して欲しいのが、相手の「しぐさ」です。

会話中に相手が見せるしぐさには、「相手が自分の話にどのくらい引き込まれているか」「興味を持ってくれているか」という、俗に言う「ノリ」が表れます。

◆手の動き

相手が軽く手を組む、あるいはテーブルの上に手を置いて軽く握る、という場合、残念ながら話が不調になりそうな予兆です。テーブルの上で軽く手を組む、手を軽く握る、ひざの上に両手を置いている、腕組みをする。これらの動作は「手のひらを相手に見せようとしない」という共通項があります。

心理学的にいうと「手のひら＝心」。つまり手のひらを見せようとしないのは、自分の心を見られたくない、本心を隠したいという気持ちの表れです。一方、相手と心を開いて話をしたいと思っているときや、嘘をつきたくないと思っているとき、人は自然と手を開いて話します。

◆体の動き

自分が話しているとき、相手の体はどう動いているでしょうか。もし、前のめりになったり後ろに引いたりと「前後」の動きなら、相手はあなたの話に興味を示しています。言ってみれば「ノッてる」状態といえます。

ところが反対に、体を横に傾けるなど、左右に動くときは危険信号。相手は自分の話に対して集中できていません。話に興味や関心を持てず、早く時間が過ぎればいいと思っている可能性大です。

◆足の向き

自分の話に興味を持っているかどうかは、足の向きにも表れます。自分の話に引き込まれているとき、相手のつま先は自分のほうを向いているもの。これが自分とは別のほうを向いているなら、話に退屈している、興味が持てないという気持ちが表れています。もし、相手のつま先がドアのほうを向いていたら、残念ながら相手は「早く帰りたい」と思っているのです。

◆モノ

相手の心理状態が表れるのは、表情や体の動きなど「本人」だけではありません。

その人が身につけているモノをどう扱うかにも、心理状態が見えてしまうのです。

その代表格といえるのが、ネクタイ。ネクタイをきっちりと締め、襟元をビシッと決めた状態は、いわば「オフィシャルの自分」。本音よりも建前を優先させます。反対に、ネクタイのない状態は「普段の自分」。素の自分が表れます。

ビジネスシーンでは「ネクタイのない状態」はありえませんが、話が佳境に入るころでふとネクタイを緩めたら、それは仕事モードの自分が引っ込み、素の自分が表れてきた証。リラックスしてきて本音を語り始めていると思ってよいでしょう。**ネクタイを緩めてからの発言は、信用できるのです。**

また、ジャケットにも本音が表れます。ジャケットのボタンを外して前を開くのは、リラックスして本心を語り始めたとき。建前でなく本音を語り合うことについて「胸襟を開く」という慣用句がありますが、その言葉通り、胸元を見せるということは心の内を見せているのと同義。自分に対する信頼度が高まっています。**相手が話に乗ってきて、とうとうジャケットを脱いだとしたら、その商談は成功したも同然です。**

購買意欲の高さをしぐさで読み解く

手の動き

高 手を開いて話している

低 手を軽く握っている

体の動き

高 体が前後に動く

低 体が左右に動く

足の向き

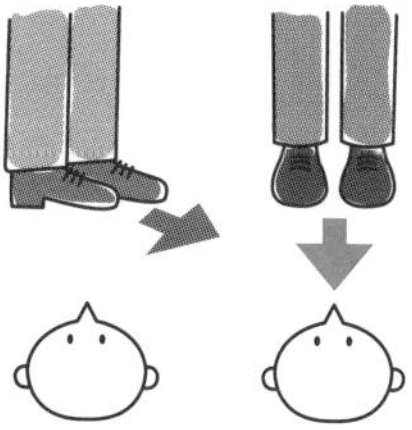

高 つま先が自分のほうを向く

低 つま先がそっぽを向く

モノ

高 ネクタイを緩めたり、ジャケットを脱ぐ

観察力

相手の感情は接続詞に表れる

そもそも人の心は目に見えません。しかし、表情やしぐさ、モノの扱い方などにその人の心が表れるのは、ここまで説明してきた通りです。

しかし、相手の心が見て取れるのは、「目に見えるもの」ばかりではありません。「目に見えないもの」からも、ビジネスに大きなメリットをもたらすものを読み取ることができるのです。

「目に見えないもの」は、意識していないと気づかないもの。しかし、場の空気に大きな影響を及ぼすのは、実は目に見えるものよりもむしろ目に見えないものなのです。「最初は調子がよかったのに、いつの間にか空気が悪くなって不調に終わった」というケースは、この「目に見えないもの」を見落とした結果、相手の心をつかみ損ねたり、アプローチするべき相手を間違えたなどが原因の場合が多くあります。

観察力がもっとも重要になるのは、「目に見えないもの」なのです。

◆「接続詞」に注目する

商談では会話の内容にばかり気を取られ、「どんな言葉を使ったか」を意識している人は少ないようです。しかし、人は「何を話したか」より「どう話したか」のほうに隠された心理が表れるもの。「いいですね」と言っていたとしても、心から「素晴らしい」と思って発した言葉なのか、それとも「とりあえず〝いい〟と言っておかなければ」と思っているのかでは大きな違いがあります。

それを見極めるためには「言葉」を観察します。

言葉の観察でまず注目して欲しいのが、接続詞。**特に注意したいのが「でも」「だけど」という言葉。**これが出てくる場合は、ネガティブな感情が心の奥にある証拠です。

さらに注目したいのが「だから」、または「なぜなら」という、理由を説明するための接続詞です。

会話中にこの接続詞を多用する人は、「理論的に話したい」という気持ちを強く持っています。感情よりも理屈を重要視するタイプだということがわかるので、商品のよさを説明するときでも感覚的な言葉は避け、機能や利点を説明したほうが響くのです。

反対に接続詞があまり出てこない人は、理屈よりも感覚・感情を重視するタイプ。理詰めで説明するのは避け、感覚を重視した説明や話し方をすると、自分に対する好感度が上がり、商談が成立しやすくなります。

◆発言内容

相手がどのような感情を持っているかは、話の内容にも表れます。

ポジティブな感情、つまり商談を結ぼう、その商品を買おうと考えている人は、常に発言が具体的になります。「こうしたときはどうなるのか」とか、「どんなときに使えるのか」などです。

これに対して、買う気がない人の言葉は常に抽象的。「まあ、それもいいですけどね」とか「なるほどねぇ」だけを繰り返しているときも同様です。買う気がないから、それを使っているシーンが想像できず、適当にその場をやり過ごそうとしている心理状態が表れています。

相手がどちらかをより簡単に見分けるには、質問をするのが一番。それも、「過去」について聞くといいでしょう。つまり、「過去、同じようなモノを使ったことがあるか」という質問です。商談に対してポジティブな感情を持っているなら、過去について具体的に語り始めます。例えばソフトウェアなら「何年か前に導入したことがあるが、そのときにこういうトラブルがあった」などと答えます。

ところが、商談に対して乗り気ではなかったら、質問に対する答えが抽象的です。「確かに、うちもこういうのを入れたことがありますね」とはいうものの、それがどんなモノだったか、使った結果どうだったかを聞いても、「まあ、いろいろあったかな」と曖昧な説明で終わってしまう。こんなふうに答える相手との商談は、不調に終わる可能性が高いといっていいでしょう。

余談ですが、この見極め方法は、儲け話が信頼できるものかどうかを見極めるときにも使えるので、ぜひ覚えておいていただきたいテクニックです。怪しい儲け話や投資詐欺では「何億儲かった」という話はよくするものの、具体的にいつ、誰が、どのようにして儲かったかという話になると、突然抽象的になります。怪しげなネットワークビジネスの勧誘も同様。「サクセス」という曖昧な言葉は使うものの、内容が具体的ではありません。こうした話には決して乗らないことです。

◆話題

相手が「ブランド志向」を持っているかどうかは、営業を成功させるための大きな手がかりになります。

もし、相手がブランド志向の持ち主だったら、扱っている商品のブランドを強調することが有効です。もし名が知られているブランドではない場合は、「どれだけ高く評価されているか」を説明すること。有名人や成功者、研究者など権威のある人が「使っている」または「勧めている」という言葉も有効でしょう。

ブランド志向があるかどうかを見極めるには、話題に注目します。相手が「○○さんのことはよく知っている」など有力者の名前を出す、「○○で取り上げられていた」などメディアでの知名度を口にする、あるいは「あれ（あの人）は○○だから」と、製品のメーカーや人の会社、出身校などを口にする人は、間違いなくブランド志向の持ち主です。

ブランド志向が強い人ほど自分に自信がなく、そのため自分で判断できません。だから、商品のよさを説明するときに「○○も勧めていた」「○○で高く評価されていた」など、権威付けをしてあげることが、決断を後押しします。

◆人間関係

営業は1対1で行うとは限りません。ときには先方が複数で待ち構えているときもあります。

上司にあたる人物が「部下たちにとってどんな上司なのか」を知ることは、商談を成功させるためにとても重要です。例えば商談に際して部下がメインで話すケースと、上司がメインで話すケースの両方がありますが、いずれの場合も「部下に対して厳しい・優しい」が表れます。

例えば、部下が言葉に詰まって上司がフォローしたとき、部下の表情に緊張が走る場合と、ホッと安心して空気が緩む場合があります。前者は部下に対して厳しく、決定権を握る上司なので、交渉のターゲットは上司に的を絞ったほうがよいでしょう。後者はフレンドリーな優しい上司なので、自分自身も部下になったつもりになって、頼る気持ちで接するとうまくいきます。

このように、複数の相手と話すときは人間関係や空気感をつかみ、臨機応変な対応を心がけるのが、うまく話を進める秘訣なのです。

決定権が誰にあるかを見極める

商談相手の部下が言葉に詰まり、上司がフォローした。
そのとき、部下の表情は？

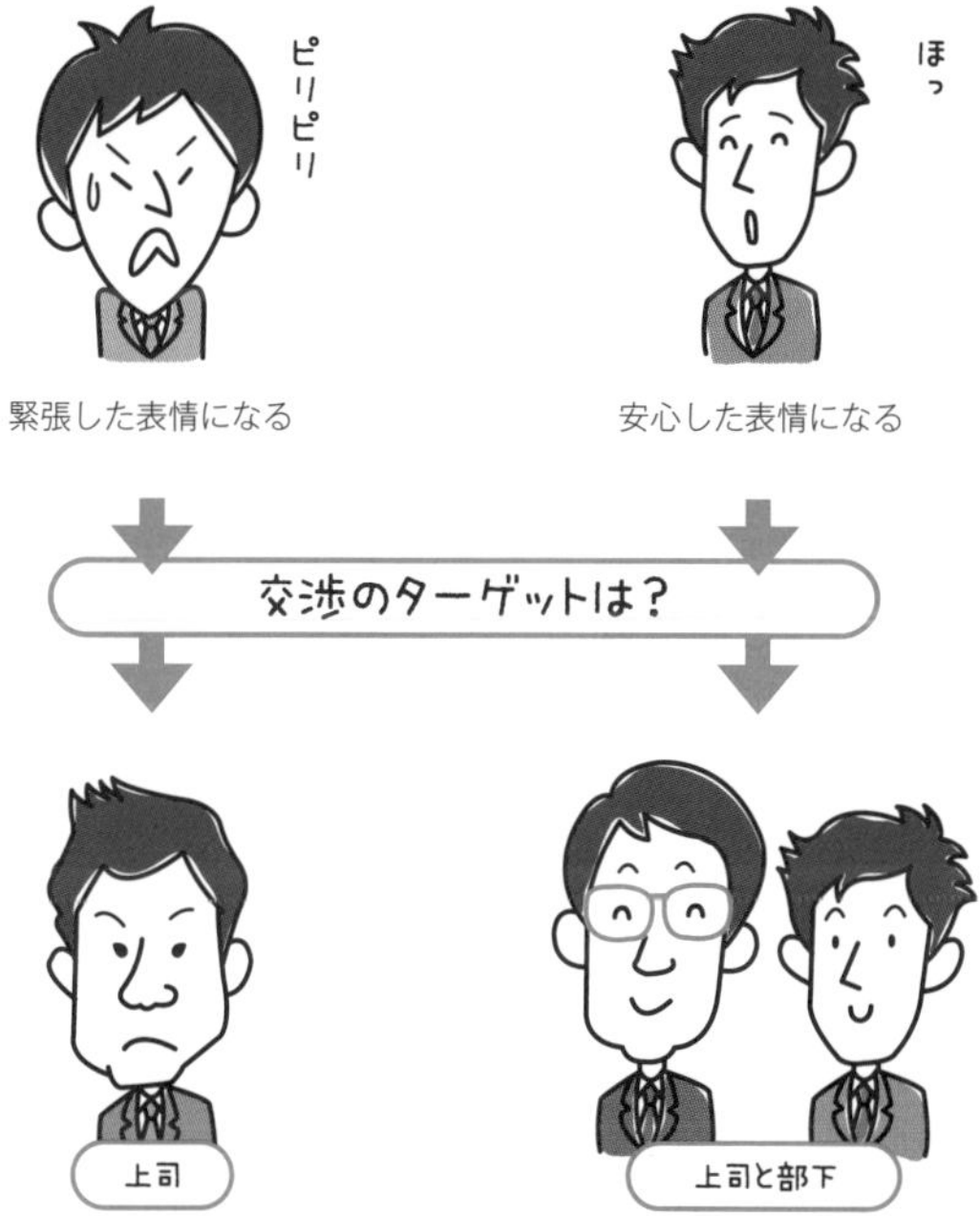

部下に厳しい上司で、交渉の決定権を握っている

優しい上司。上司と部下の両方に交渉する

観察力

買わない人を買う人に変える「3つのO《オー》」とは？

営業を成功に導く5つの力、その中でもここまで説明してきた「観察力」は、それがなければ営業はスムーズにいかないというほど大切な力です。

同時に、ビジネスでも人間関係でも、何かを成功させたり、円滑に進めたいときに「観察力」は必要になります。

営業はビジネス的な交渉であると同時に、人と人とのコミュニケーションでもあります。ここまで紹介した方法は、本来見えない相手の心を、表情やしぐさ、モノから浮かび上がらせる心理テクニック。これにより、相手の感触を読み取るのが、営業において最初にするべきことといえます。

もし、相手が好感触を持っていることがわかれば、自分にも余裕が生まれるし、次の段階へと進みやすくなるでしょう。

では、もし相手がビジネスライクな姿勢を崩さなかったり、自分の話に興味を持っていなかったり、あるいは「早く帰りたい」と願っていることがわかってしまったら、どうすればいいでしょう。

こうしたとき、ほとんどの人が「自分の営業は失敗に終わった」と思います。絶望的な気分に陥ってしまうかもしれません。「もうこれ以上営業をしても無駄」「ここは見込みがないから諦めよう」と思うかもしれません。

見込みのないところは切り捨てて、次に行こう、そういう考え方は一見ポジティブなように見えます。

しかし、それはとてももったいないことであり、あまりにも無駄な決断だと断言しておきましょう。

たとえ初回の営業が不調に終わったとしても、「1回営業した」という事実は残ります。好不調を抜いてしまえば、「1回は1回」に過ぎず、それはアドバンテージになるのです。

ところが、初回の営業で失敗したと思い、切り捨ててしまったらどうでしょう。また新たな営業先で「初回営業」をしなければなりません。そして、あまり考えたくないでしょうが、そこでもし失敗したら、またそこを切り捨て、新たな営業先で「初回営業」をすることになるのです。

営業なら「初回営業」のハードルの高さは熟知しているはず。なのに毎回高いハードルを越えることを選択するのは、気力も体力も精神力も摩滅していくばかりです。

その結果、営業に行きたくない、出社したくないというひどい事態に陥ることも、決してレアとは言えないでしょう。

もし、初回の営業が不調に終わったとしても、「次回」があります。

そこで挽回すればいいではありませんか。

そして、嬉しいことに「次回」は永遠にあるのです。

何回失敗しても、「次回」に賭ける。それは言うほど容易いことではありません。

そんなにタフではないと、多くの人が思っていることでしょう。

そこに大きな勘違いがあります。

私は何も、何度も足を運んで粘れ、と言うつもりはありません。

失敗した営業の印象を好転させるためには、「3つのO《オー》」という必勝テクニックを使えばいいのです。

初回の営業で好感触を得られなかったということは、残念ながら相手は自分に対して好感度を持ってくれなかったということ。もしかしたら「苦手」という意識を持ってしまったかもしれません。

こうした相手に使える「3つのO」とは、次の通りです。

◆おせじ

褒められて悪い気になる人はいません。直接的な表現ではなく、「先日おっしゃっていたご意見、まったくその通りになりましたね！」や「上の者にご意見を伝えたところ、とても参考になると喜んでおりました」など、相手の能力を間接的に褒めます。

◆おくりもの

これは賄賂を贈れという意味ではありません。「途中でおいしそうな和菓子屋を見つけたのでお持ちしました。みなさんで召し上がってください」などとちょっとした差し入れをするのもいいし、「お探しだった資料、見つかりましたよ！」と相手が仕事上必要なモノを渡すのもいいでしょう。

◆おもてなし

おもてなしとは、ちょっとした好意を行動で示すこと。「おせっかい」という言葉に置き換えてもいいかもしれませんね。「先日のお話、うちでは対応しかねますが、この会社でしたら適役だと思います」と相手に役立つ会社を紹介するなど、相手が困っていることを解決することがもっとも効果的です。

「3つのO」とは、相手に対してさまざまな好意を贈ることに他なりません。すると、相手の心の中に「あいつ、性格は合わないんだけどいい人なんだよな」という気持ちが生まれます。これが、営業を成功に導く

3つのOがチャンスを生む

Oseji
おせじ

Okurimono
おくりもの

Omotenashi
おもてなし

自分を嫌いな人に「3つのO」で好意を贈ると、「合わないけど、いい人だな」という印象が生まれる。

最大のチャンスを生むのです。

自分のことを嫌っている相手への最大の攻撃は、「好意」です。

人は自分に好意を表す人に対して無下《むげ》にすることをためらう習性があります。それは「自分は、よくしてくれる人に対して冷たい仕打ちをするようなひどい人間ではない」と思いたい、つまり「自分はいい人でいたい」と思う気持ちがそうさせるのです。社会的に高い地位にいる人ほど、その傾向が高くなります。

初回の営業でさまざまな角度から観察した結果、どうも見込みがない、うまくいかなそうということが見えたとします。しかし、そこで「この営業は失敗だった」と諦めるのではなく、次回に賭ける。そのときは「3つのO」で相手に全面的な好意を示し、相手にとって有益な人間になるようにしましょう。

それが、2回目以降の営業を成功させる秘訣です。

そして、このとき重要なのは笑顔でいる、ということ。

もちろん、先に説明したデュシエンヌスマイル（39ページ参照）であることが重要なのは言うまでもありません。

「いつも笑っているのは愚か者だが、決して笑わない者は嘘つきだ」という言葉もあります。

相手の心をほぐし、信頼され、好意を寄せられるには笑顔でいること。

愛想をよくすることは最強の営業戦術なのです。

観察力は、単に相手の反応や本心をつかむためだけに使うのではありません。

まず自分がどう出るべきか、どういった行動をするべきか。これから説明する「判断力」「行動力」を適切に使うために、あらゆる方向から相手を観察することが重要なのです。

まとめ

☑「買わない客」に食い下がっていないか

見込みのある客か、そうでないか。結果を出せない営業ほど、見込みのない客に食い下がるなど、無駄な努力を重ねてしまう。「買う客」「買わない客」を見極めることが、営業を成功させる第一歩。

☑ 相手のすみずみまで観察しているか

相手が自分と商談に対して興味を持っているかどうか、話に乗る気があるかどうかは、目の前の相手に表れている。表情、しぐさ、モノ、言葉など、あらゆるポイントをチェックして相手の関心度を見抜き、それに合わせて対応していけば、好感度を引き寄せることも可能。

☑「3つのO《オー》」で失敗を取り返す

初回が振るわない結果に終わったとしても、「次回」がある。「いい人」でアプローチすれば、初回の悪印象を取り戻すことができる。そのときは「3つのO」と「笑顔」が決め手となる。

「判断力」を鍛えて確実に売る

Chapter 3

判断力

デキる営業は瞬時に判断している

前章で「営業は、なによりまず観察力が必要」という話をしました。表情やしぐさ、ときには人間関係までを観察し、そこから相手が自分と自分の話に好感触を持っているかどうかを見抜く。さらに進んで相手の関心を引きつけ、好感を引き出す。ここまでは営業をするための下準備ともいえる段階です。

その次に必要なのが「判断力」です。
目の前の相手に対し、どうアプローチすれば商談が成立するのか。
そして、相手が提示した条件をどう解釈するのか。
これらを判断した上で、どうするかを決断しなければなりません。

このようにビジネスの場において、「判断」と「決断」はセットで考えるべきものです。

的確な判断なくして、有益な決断は下せません。

人は、日々の生活の中で絶え間なく「判断」と「決断」を下しながら生きています。
朝、目覚めたときに「もっと寝ていたい」という感情が湧き上がってきたとしても

「会社に行かなければならない」と判断し、「起きて身支度を始めよう」と決断する。「朝食は何を食べるか」「満員電車に乗り込むかどうか」「会社まではどの道を通っていくか」など、**1日中「判断」と「決断」を下しながら生きているのが人間です。**

このような生活の中での判断と決断には緊急性はありませんので、なんとなく決めてしまってもいいし、反対にいつまでも迷っても大きな支障はない、と考えがちです。

しかし、ビジネスの、特に営業の場での「判断」と「決断」は違います。相手を観察して「どういう心理状態か」を見極めたら、どうやって売り込むかを決めたり、あるいはこのまま押すべきか、撤退するべきかなど、さまざまなことを瞬時に判断し、決断しなければなりません。

つまり、営業の場での「判断力」はスピード感が必要なのです。営業する相手と向き合っている場では、「どうしようか」と悩む前に反射的に判断し、決断を下す。それができれば時間も労力も、そして自分のストレスも最小限で済むはずです。

この章では「なぜ営業に判断力が必要なのか」から、判断力・決断力をつけるために日々実践できることまでをご紹介します。日頃から「今日はどのネクタイをするか」「昼に何を食べるか」「帰る前に飲んでいくかどうか」など、**細々とした迷いが多い人は、特にこの章をじっくり読んでいただきたいと思います。**

おそらく、営業だけでなく日々の生活も大きく変わっていくはずですから。

判断力

「売らない判断」があなたの売り上げをアップする

人が日々の生活の中で絶え間なく下している判断と決断。しかし、それを意識的に行っている人はとても少ないのではないでしょうか。

人はあまり有益でないことに迷ったり悩んだりして、無駄な労力を使いがち、という傾向があります。だからこそ、さまざまな場面で意識的に「判断」と「決断」を下すようにしていかなければならないのです。

そもそも、判断力がないのに営業をしていると、どんなことが起きるでしょう。まず、買う気のない人に対していつまでもダラダラと無駄な営業をかけてしまいます。そんな無駄なことはしていない、と反論する営業も多いかもしれませんが、それこそ「判断」「決断」に対して無意識な証拠なのです。

例えば、家電量販店の携帯電話売り場に行ったと想像してください。それも、特に買い換えを考える時期でも気分でもない、ただなんとなく暇つぶしに最新機種を触っていただけ、という状況を。こんなとき、まるでこのチャンスを逃してなるものかといわんばかりに、携帯会社のロゴ入りウエアを身につけた店員が近づいてきます。そして、「何かお探しですか?」と声をかけてくる。よくある光景です。

こうしたシーンでは、買う気がない人はまず「見ているだけですから」と言います。これですっと離れていく店員ならいいでしょう。「この客は買わない」と判断したのですから。そうではなく、見ているだけだと言っているのに、営業トークを始める店員がいます。「今は何を使っているんですか?」「今こんなフェアをやっていて」などです。多くの方にも経験があるでしょうが、これほどうんざりする時間はありません。

熱い営業トークを展開されても、「それほどまで勧めるなら買ってみよう」と思うどころか、頭の中は「この場から一刻も早く離れるにはどうすればいいか」しかありません。

なぜこのような無駄な営業をしてしまうかというと、まず大前提として「この客は買わない客だ」という判断ができていないこと。そして「だから営業トークはしない」という決断ができていないことがあります。この判断と決断は時間と労力を無駄にしないためにも重要なのですが、そもそもそれができないのはなぜでしょう。

それは、「客に対して言うこと」がリストになっていて、それをすべて消化しなければならない、という思い込みがあるからです。

例えば携帯電話を見ていたら、「どのような携帯を探しているのか」「どのような機能が欲しいのか」という客の下調べに始まり、イチオシ商品についての性能、メリット、価格、プラン、割引などの「アピールリスト」をすべて言わなければ、という気持ちにとらわれてしまう。それに対して客がどのような反応をしているかなど、目に入りません。まさに「観察力」が欠如しているが故に、「判断力」が働かなくなっている状態です。これほど無駄なことはありません。

買わない客には売らない。営業にこの判断が重要なのは、言うまでもありません。

これは、対会社での商談でも同じことが言えます。特に飛び込み営業などでありがちなシーンですが、相手に買う気がないと思ったら、そこに時間と情熱をかけて売り込んだとしても、まず成果を上げることはできません。そこで無駄に時間を割くくらいなら、さっさと切り上げて、次に行ったほうがいいのです。

判断力

「ムダなつきあい」をやめると新規が取れる

営業を悩ます言葉に「つきあい」があります。それも、接待ゴルフや酒席など、得意先との関係を潤滑にするための「つきあい」ならまだいいでしょう。そこにはコミュニケーションを深める、打ち解けた関係になれるなどのメリットがあるからです。

そうではなく、例えば昔から取引のある得意先が口にする「つきあいだから」は、ほとんどいいものがありません。

例えば「長いつきあいなんだから、もう少し安くして」というダンピングの要求。あるいは「長いつきあいなんだから、もっと有利な条件に」という無理な交渉。ほかには「長いつきあい」を盾にミスを見逃して欲しい、チェックを緩くして欲しい、という依頼もあります。

長いつきあいにもさまざまなものがありますね。例えば自分の営業により取引が始まった相手もあれば、前任者から受け継いだ長い取引相手もあります。後者は会社にとって「長いつきあい」というわけです。

自分にとっての「長いつきあい」ならまだしも、前任者から引き継いだ相手に対して、さまざまなことでの判断がつきかねる、というケースがよくあります。

例えば、あからさまな無理難題を押し付けられているのに、断ることができなかったり、こちらの意見を言うことができない、などです。


そもそも「つきあいなんだから」という言葉を発する相手に、優良な取引先はいません。ダンピングの交渉をするにしても、相手が交換条件を持ち出してくるなら聞く耳を持ってもいいかもしれませんが、「つきあいなんだから」などという相手が、これからも長くつきあう価値のある取引先であるはずはないのです。


「この相手とビジネスをすべきかどうか」という判断は、おそらく営業が持つべき判断力の中でもっとも重要だといえます。ときには「有益ではない商談を打ち切る」、「優良とはいえない取引先を切る」判断をする必要もあるでしょう。

「切るべき相手を見極める」という判断は難しいと思われがちですが、実は自分の中ではすでに答えが出ていることがよくあります。

「長いつきあいだから」とばかり言われるのは理不尽だとか、どう考えてもいい相手とは思えないという合理的な判断は、直感的に下しています。それなのに「長いつきあいだから」という言葉に影響されて、合理的な判断が下せなくなっているのです。正解が出ているのに、自分で迷ってしまう。それは大きなストレスにしかなりません。

情に訴えて不利な条件を飲ませようとする相手とは、いいビジネスはできません。合理的に考えても、切るべきなのです。

ところが、人は「切る」ことが苦手なもの。1つ切ることは、手持ちのものから1つを失うことだと思うからでしょうね。不安になってしまうのです。そうしたとき、私は**「1つ失うことで空きが生まれ、新しいものが入ってくるようになるのだから、不要なものはできるだけ早く手放したほうがいい」**と考えます。

これは、ビジネスだけでなくすべての人間関係でいえること。「友達なんだから」とか「近所のよしみで」などとさまざまな理屈をつけて無理難題を飲ませようとする相手とはつきあわなくていい。そう決めてしまうことでどれほど大きな無駄が省けるのか、一度考えてみることをお勧めします。

判断力

ノーディールができれば交渉に強くなる

営業が大詰めに向かう中で必ず出てくるのが「交渉」のシーンです。

売る側と買う側の双方がより有利な条件で取引を成立させたいという思いがぶつかりあう、営業という仕事の中でも難しい局面といえます。

売る側はできる限り利益を出したい、それが本音です。しかし、相手がメリットを感じられなければ、最悪の場合取引に至りません。「それなら、この話はなかったことに」。こう言われるのは営業にとって最大の恐怖でしょう。

できる限りの譲歩をして取引を成立させたい、とはいえ損失が出ることは絶対に避けなければならない。

自社と相手先の利益を天秤にかけながら、ギリギリのところで交渉をするのが営業という仕事だといえます。

このハードな局面で、相手が繰り出す要求に対して「飲むべきか・飲まざるべきか」と迷ってはいないでしょうか。

これは相手に付け入る隙を与えるだけだと、まずは断言しておきましょう。

交渉における迷いは弱みにしかなりません。

迷うほどずるずると値を下げたり不利な条件を飲まざるを得なくなるのです。

株式投資において「ストップロスオーダー」という言葉があります。これはあらかじめどの範囲までなら損失を出してもいいかを決めておく、ということ。例えば5ドルの損失までは我慢するが6ドルになったら売る、と最初から決めておけば、5ドル以上の損を被ることがなくなります。これは損失を大きくしないことと、新しい投資のための資金を目減りさせないという2つのメリットがあります。

営業でも同じことが言えます。

最初から「このラインまで来たら、交渉から降りる」という基準を決めておくのです。値段でも納期でもオプションでも、あらゆるものに「交渉中止ライン」を決めておく。そうすれば悩むことも迷うこともなくなります。

譲歩の限度を決め、それを超えたら取引きをやめる。それがノーディールです。

交渉をやめるということは、「取引先を1つ失う」ということ。そう考えると不安や恐怖を感じてしまうかもしれません。しかしノーディールにはメリットがあります。

まず、「交渉を有利に進めることができる」ということ。

第二のメリットは「不利な条件を押し付けられずに済む」ということ。

そして無駄な交渉に費やしたり、不利な条件を押し付ける相手とつきあう無益な時間をなくすことができるということ。

ノーディールは交渉の切り札、商談の主導権を握る最終兵器なのです。

・値段は××円まで
・納期は××ヵ月まで
・オプションは3つまで

交渉前にルールを決めておき、判断力を高める。

判断力

実行意図があなたの迷いと不安を消し去る

日常の無駄な判断をなくすには、生活にもルールを決めるのが有効です。例えば、起床時間を決めたら、いくら眠くても起きる、というように。

ところがせっかくルールを決めたとしても、疲れがたまっていたり前の日に飲んでいたなどの理由があると、「もう少し寝ていたい」という気持ちが湧いたりします。そして、起きなくてはいけないことはわかっている、なのに「もう少し寝ていようか」という迷いが生じてしまうのです。

こうしたことが仕事の場面で表れると、問題です。

取引先と何かトラブルが起きたとき、とっさに頭に浮かぶのは「どうしよう」という思いでしょう。そして、「やるべきこと」を考えるのですが、すぐに「最善の一手」に思い至らず、さまざまな考えが浮かんでしまうことがあります。

例えば、商品が届かないというクレームがあったとします。「どうしよう」↓「部長に報告する」↓「その前に倉庫に確認をする」↓「いや、発注書を見直すほうが先か」↓「まずはお詫びのメールを送ったほうがいいかもしれない」↓「電話のほうがいいか？」↓「直接お詫びに伺うか」↓「お詫びの品が必要かもしれない」↓「お詫びの品なら、先方の駅前に和菓子屋があった」↓「そういえば、この間和菓子を持って行った別の会社の件、早く返事をしなくては」……。

少々極端な例ですが、最初はトラブル解決のための方策を考えていたはずなのに、「どうしよう」と迷いが生じるとさまざまな思考が湧いてしまう。すると「何をするのが最善か」に到達できなくなってしまうのです。

そのあげく、本来まったく関係のない別のことまで気になり始めてしまい、ますます混乱してしまうのです。

こうした思考の混乱は、一番最初に生まれた「どうしよう」から始まる迷いが根元。また、このように迷ったあげく、混乱してわけがわからなくなってしまう人は、仕事だけでなく日常生活でも同じことが起きやすい、という傾向があります。

どのネクタイをつければいいか、迷い始めるときりがない。

昼休み、昼食のことを考えていると次々に候補が浮かんできて決められない。

休日、外出しようかどうしようか、考えているだけで1日が終わる。

いかがでしょう。もしこうした傾向があるなら、仕事上でも「どうしよう」と迷うことが多く、判断できないまま時間を過ごしていることが多いはずです。

すぐに最善策を判断できる力を高めるためには、迷いをなくすことが欠かせません。


そのために不可欠なのが、実行意図です。


実行意図とは、自分で設定した目標を達成するための行動を、いつ、どこで、どのように行うかをあらかじめ決めておくこと。例えば、ある会社に対し「商談をまとめたい」という目標があるとき、「もし、今回のA案が気に入ってもらえなかったら、B案を出そう」と決めておくことが、実行意図です。これに対して「この会社との商談をまとめよう！」と、**達成したいことを決めておくことを「目標意図」といいます。**

目標意図を持つことは、実績を上げるためのモチベーションにもつながります。しかし、実行意図もなく目標意図だけを持っていると「やろうとは思うけれど、その方法がわからない」と、迷いに揺れたあげく、結局何も実現できない結果に終わりがちです。

目標を達成するためには、実行意図がとても重要になるのです。

実行意図を身につけるには、まず「自分の迷い」に対して自覚的になること。

例えば「どうしよう」と思った瞬間、「あ、今自分は迷っている！」と自覚します。「迷っている自分」「判断できない自分」に気づかない限り「どうしよう」はいつまでも続くことを、まずは認識すること。それが第一の解決策になります。

その上で必要なのは、自分でルールを決めておくこと。

例えば「ランチタイムに何を食べるのか迷ったら、定食屋に行く」「メニューで迷ったら、日替わりランチにする」などは、「ルールを持つ」ということの好例でしょう。仕事でトラブルが起きたら上司に相談する、クレーム対応ではメールでもなく会いに行くのでもなく、電話することに決めておくなど、自分のルールを持つことによって迷いがなくなり、判断が早くなります。その結果、スムーズに実行に移せるようになるのです。これが効率アップに大きく貢献するということを、自覚しましょう。

迷いが生じた瞬間に「今、迷っている」と自覚し、あらかじめ決めておいたルールに従って問題を解決していくことで、**「迷わない自分」**になろうとする。それによって判断力がつき、すぐに行動に移せるようになります。

最短で判断するには？

NG

「クレーム対応、どうしよう？」

上司に相談する

お詫びに行く

メールする

とりあえず昼食に行く

「何をするべきか」に対する答えが次々と浮かび混乱してしまう。そして、判断が下せない。

OK

「クレーム対応、どうしよう？」

↓

自覚　迷っている

↓

あらかじめ決めておいた「ルール」に従う

「何をするべきかを迷っている自分」を、まず自覚する。その上であらかじめ決めておいたことを実行する。

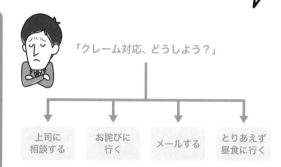

まとめ

☑ 判断力の無駄遣いをしない

「判断力」は限りある資源。無駄に使えば重要な場面で発揮できなくなることを、まずは自覚する。どの服を着るか、何を食べるかなどの、ちょっとしたことで迷わない。

☑「最低ライン」を決めておく

価格や条件の交渉に臨むときは、「これ以上は譲れない」という最低ラインをあらかじめ決めておく。そうすることによって「迷い」を減らし、素早く判断ができるようになる。

☑ 実行意図を持つ

「迷い」を自覚し、自分のルールに従って判断し、実行に移していく。目標だけを持っていても実行意図がなければ達成はできないことを認識する。

「行動力」でチャレンジ回数を増やす

Chapter 4

行動力

行動力を高めれば営業成績が上がる

スポーツでもゲームでも、勝率を上げたいなら1回でも多くの勝負をすることが不可欠です。例えば賭け事で大きな儲けを得るなら、ベット（賭け）の回数を増やすこと。決して1回のベットで大金を投じることではありません。

それは営業でも同じことが言えます。

私が「営業成績を上げるためにもっとも確実で手っ取り早い方法」を聞かれたとしたら、間違いなくこう答えるでしょう。

「**営業成績を確実に上げたいなら、1回でも多く営業に行くこと**です」と。

ところが、営業の成績が悪い人に限って、試行回数が少ないのです。昔から「営業は足で稼げ」と言われてきましたが、これは「1件でも多く営業に行けば、成約件数が増える」という意味ともとれます。実際にトップと言われる営業ほど、1日の営業件数が多いのです。

「営業成績を確実に上げたい」と願っている人も、「1つでも多くの営業をすれば成約件数は増える」ということに気づいているはず。

何をすればいいのか、わかっている。

ただ、それを実行に移すことができないだけ、それだけなのです。

このように「やらなければならないこと、やったほうがいいこと、やるべきこと」がわかっているにも関わらず、一向に実行に移せない人がいます。

1件でも多くの営業に行けばいいことは重々承知している。なのに営業に向かうことができない。新規営業のアポイントメントの電話を入れることができない。

それは「もし断られたら、どうしようと恐れているから」だと思い込んでいるかもしれません。あるいは、「何かを始めようとしても、失敗のイメージしか浮かばない、ネガティブな性格が原因」と自分を卑下しているかもしれません。

こうした人は「失敗を恐れる」「チャンレンジ精神に欠ける」など、消極的で臆病だと評される傾向が強いのではないでしょうか。

そして、「根性がない」とか「気合が足りない」と叱咤されたり、自分自身でもそう思って自己嫌悪に陥ったりするのも、よくある話です。

やるべきことがわかっているのにできない理由は、「性格」や「心の問題」といった深刻な原因とされがちです。

ところが、これは大きな間違いだということに気づかなければなりません。

やるべきことができないのは、単に行動力が低くなっているから、それだけです。

もし、**営業の回数が少ないなら、行動力を高めればいいのです。**

問題をシンプルに捉えれば、解決はすぐそこにあります。この章では、簡単な方法で行動力を高める方法をお伝えしましょう。

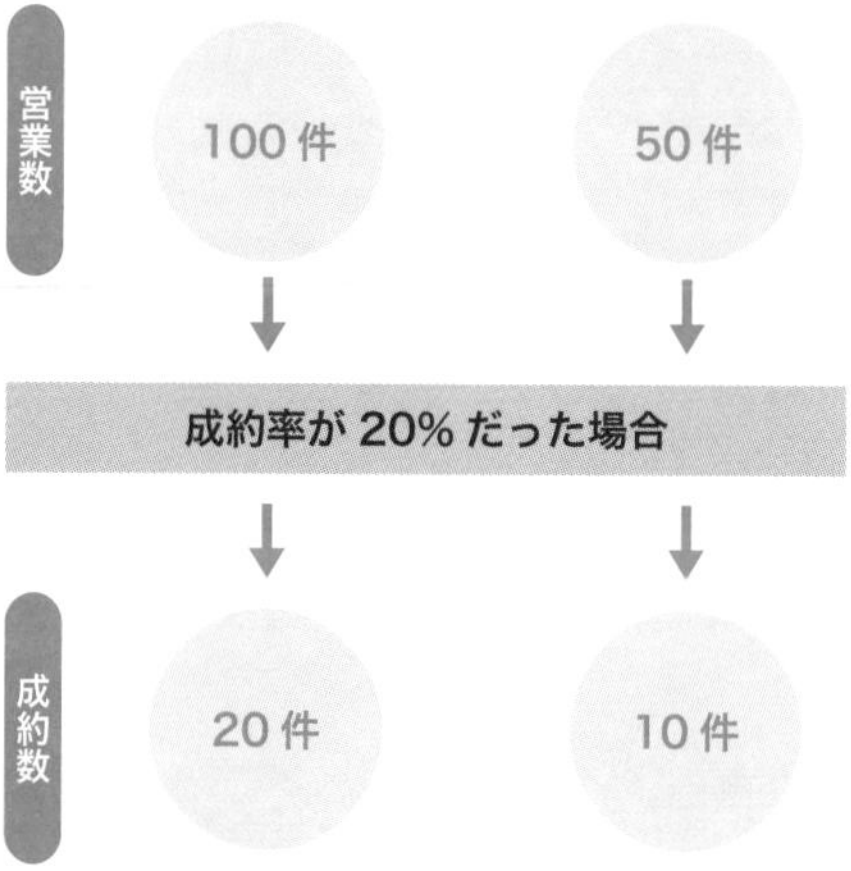

営業の回数が多ければ、成約数も増える。行動力を高めて、営業回数を増やそう。

行動力

アフォーダンスを利用すればサッと行動できる

「やるべきことがわかっているのに、なかなか行動に移せない」というとき、頭の中では「やることの段取り」はどんどん湧き上がっているはず。ところが、体は一向に動かない。「やること」と「実行」がぐるぐる回っている状態です。

この無駄なサイクルから一刻も早く抜け出すには、「やるべきこと」をさっさと実行に移す行動力が不可欠だとお伝えしました。

では、なぜさっさと行動に移せないのか。その大きな理由に「他のことに気持ちが移ってしまう」ことが挙げられます。

例えば、次の休日は買い込んだままの本を読むことに決めたとします。そうしたら、たとえ遅く目覚めたとしても、読書にとりかかればいい、それだけのはずですね。それなのに、本がきちんと並んでいないことに気がついて本棚の整理を始めてしまったり、突然「今日は1日中本を読むのだから、何か食べるモノを買っておこう」と外出したまま出歩いてしまったり。

また、仕事の場面では、「新規開拓の営業回りをしよう」と決めたはずなのに、パソコン上の書きかけの報告書にとりかかってしまったり。上司へ報告しなければならないことがあったのに、名刺の整理を始めてしまったり。

つまり、「本当にやらなければならないこと」がぼやけてしまっているのです。

行動力を発揮するには、その前提として「行動を起こさなければならないこと」に**フォーカスすることが必要になります。**

そのために取り入れたいのが、「行動を促す環境作り」です。

例えば、照明のスイッチがない部屋の壁に小さな赤いボタンのついたプレートが貼ってあったら、それを押せば電気がつくのだと考えられます。

このように、環境やデザイン自体がするべき行動を決めてしまうことを、**アフォーダンス**といいます。

仕事環境にもアフォーダンスを取り入れれば、「特に意識しなくても、行動を起こせる自分になる」ことが可能です。

例えば、デスクに書きかけの書類だけが置いてあったら、なんの迷いもなく書類作成にとりかかることでしょう。営業回りのためのセット（資料の入ったバッグ、訪問先の地図をプリントアウトしておいたものなど）を椅子の上に置いておけば、それをどかして座ろうとは思わないはずです。先ほどの「読まなければならない本」の例で説明するなら、スマホを持たず本だけ持って公園に行けば、ほぼ確実に本を読むことでしょう。

このように「行動を限定するような環境」を作ることで、本来やるべきことがくっきりと浮かびあがり、迷いなく行動を起こすことができるのです。

デスクの上に余計なモノを置かない、椅子の上も利用するなど、少しの工夫で会社でもアフォーダンスを取り入れることができます。目につくところに営業先の社名を書くだけでも効果がありますので、ぜひ試してみましょう。

営業先の
社名を書く
||
行くべき会社を
思い出せる
○○社
営業回りのセットを
椅子に置く
||
座る前に
営業に出る
書きかけの
書類だけを置く
||
すぐ取り掛かる

行動力

このポーズをとるだけで行動力がアップする

やるべきだとわかっていても行動に移せないのは、環境のせいばかりとはいえません。「行動してもどうせ無駄に終わる」という自信欠乏、「また失敗したらどうしよう」という不安。こうした心の動きがストレスになって、行動を起こすことができなくなるのも、よくあることです。

このストレスを放置していると、最悪の場合「営業に行かなければならないと思っただけで、布団から出られなくなる」というような、深刻な状態になりかねません。

そうならないために、「行動力のある自分になる」方法をご紹介しましょう。

◆パワーポージング

パワーポージングとは、権力者のようなポーズをとること。つまり、「偉そうな行動」をしてみることをいいます。行儀が悪く、イメージも悪いので自宅で誰も見ていないときに試してみることをお勧めします。

まず、テーブルを前にして浅く腰掛けます。そのまま椅子の背もたれにもたれかかり、両足を伸ばしたままテーブルに乗せ、足首のあたりで足を組みます。そして、両手をお腹にのせて軽く組んでみましょう。頭の後ろで両手を組むのもいいでしょう。

いかがでしょうか、まるでマフィアの上役かブラック企業の社長か、といったポーズになったのではないでしょうか。

これがハーバード大学の社会心理学者、エイミー・カディが発表した「パワーポージング」です。

その中でも、先に紹介した体を大きく開いて自分の大きさと力を誇示するポーズを「ハイパワーポーズ」と呼びます。

対して、両膝を抱え込んで座る、肩を抱くように硬く腕を組む、背中を丸めてうつむくといった、体を閉じるポーズを「ローパワーポーズ」といいます。

どちらかのポーズを2分間続けてもらい、ギャンブルに挑戦させるといった実験を行ったところ、ハイパワーポーズをとった被験者の86％が賭けに出たのに対し、ローパワーポーズをとった被験者ではその割合は60％に終わりました。

さらに、両者のホルモンを調べたところ、劇的な結果が出たのです。

支配性や攻撃性を司るテストステロンはハイパワーポーズでは20％増えたのに対し、ローパワーポーズでは10％減少しました。

また、ストレスに過敏になるコルチゾールに関しては、ハイパワーポーズでは25%減少したのに対し、ローパワーポーズでは15%増加しました。

つまり、**ハイパワーポーズを2分間とることで、自信に満ちあふれ、ストレスを感じなくなり、積極性が増してリスクのある行動も怖気づくことなく実践できるようになるのです。**

テーブルに足を乗せるポーズは会社で行うのは難しいかもしれません。だとしたら、会社に行く前に自宅で行っておくと、行動力の準備運動になります。

あるいは、胸を大きく張って両足を大きく開いて立ち、両手を腰に当てるというハイパワーポーズなら、会社でも取り入れられるのでお勧めです。

カディが提唱するパワーポージングは、**「自信満々になるまで、そのふりをしろ」**ということ。「自信に満ちた自分になりきる」と言い換えてもいいかもしれません。これだけで本当にホルモンが変化し、パワフルな自分になれるのですから。

ローパワーポーズを無意識のうちにとっていないでしょうか。あえて自信をなくすように自分で仕向けているなんて、意味がありません。即刻改めるべきです。

◆15分ごとに動く

デスクワークをしていると、何時間も座りっぱなしということが当たり前にあるでしょう。しかし、これが人から行動力を削ぎ取る行為だということをご存知でしょうか。

人は15分間座り続けるだけで活力が低下する、という実験結果があります。

これでは行動力が上がるわけがありません。

ですから、特に用がなくても**15分に1度はデスクを離れ、少し動くことで、活力を落とさない効果があります。**

例えば手を洗いに行く、コーヒーを淹れに行く、資料や筆記用具を取りに行くなど、さまざまな理由をつけて動き回るように心がけましょう。

◆昼はブルーライトを浴びる

就寝前にスマホを見ると、睡眠に支障が出ることが知られるようになりました。可視光線の中でもっともエネルギーが強い青色の光、ブルーライトがスマホから出ており、それが目の奥まで届くため負荷が大きいといわれています。

しかし、それはあくまでも夜のこと。日中のブルーライトには、メリットがたくさんあることをご存知でしょうか。

ブルーライトは、パソコンやスマホ、青色LEDの光のことだけではありません。実は太陽の光もブルーライトの一種で、目覚めたときにブルーライトを浴びることで体内時計をリセットし、脳と体を活動状態に向けて活性化させるという大切な役割があるのです。

さらに日中のブルーライトは、思考を明晰にする、疲労感が低下する、睡眠の質を向上させる効果もあるのです。**日中のブルーライト、特に太陽は行動力をアップさせ、仕事のパフォーマンスを上げるので、積極的に浴びるべきです。**

◆コーヒーを飲む

このところ、午後の仕事効率が上がる、活力が出るという理由で、パワーナップと呼ばれる昼食後の仮眠が注目されています。

この効果をさらに上げるのが、コーヒーです。

眠気覚ましや気分をスッキリさせるためにコーヒーを飲む人が多いようですが、**仮眠をとる前にコーヒーを飲むと脳のパワーが全開になる**のです。これが今注目されているコーヒーナップです。

コーヒーの覚醒効果は飲んでから30分後から始まるので、コーヒーを飲んでから30分仮眠をとると、睡眠をとったことで疲労が回復し、コーヒーを飲んだことで脳が覚醒するというように効果が2乗になるのです。

行動力や積極性を上げるためにもコーヒーは有効なのですが、ブラックで飲んだ場合、1時間半~2時間くらいで効果が落ち、かえって、頭がぼんやりしてしまいます。これを防ぐには乳製品、特にヨーグルトを一緒にとると、活力が落ちる現象がなくなるのでお勧めです。

行動力

運動があなたの営業力を高める

多少の苦手意識があったとしても、とりあえず営業に行ってしまう。**営業として最強なのは、考える前に動いてしまう人**だといえます。

声を大にしていいたいのですが、営業でうまくいかなかったとしても、失うものは何もありません。

この章の冒頭で賭けの話をしたのを覚えているでしょうか。カジノで勝つ人は、よりたくさん賭けた人だ、と。営業もより多くの営業をした人が業績を上げるのです。

カジノの賭けで失敗すると、場合によっては無一文になるケースもあるくらい、失うものは甚大です。しかし、営業で失敗したところで、失うものはなにもありません。

あのセリフで失敗した、相手に嫌われたかもしれない、上司に怒られる、自分はダメな営業だ……。こんなふうに落ちこんでしまうのは無駄なことです。

「あいつはどんどん商談を成立させているのに」と思うかもしれませんが、それは結果を比べているだけのこと。成約件数の多い人ほど、失敗に終わった件数も多いもの。そもそも営業に行っている数も違うのです。

うまくいっている人の中には「うまくいったときは自分のおかげ、失敗したときは相手のせい」とちゃっかり思っているケースも多いもの。それればかりで反省を知らないというのも困りものですが、失敗した理由を考えすぎたり、自分を責めるよりはマシかもしれません。

ここまで紹介した方法を試して、**気力を上げることが行動力、そしてチャレンジ力を確実に上げてくれる**のだということを、どうか忘れないでください。

ただ、精神状態が落ちてしまいそうなとき、不安に襲われそうなときもあることでしょう。そんなときに有効な方法をお伝えします。

◆運動をする

苦手な取引先に訪問しなければならないとき、あるいは営業に行くのが嫌になりそうなとき。本番、つまり営業をスタートさせる30〜40分前に、20分くらいの運動、例えば早足でのウォーキングをしておくことをお勧めします。

運動すると、その後、数時間にわたって集中力や思考力が上がる効果があります。頭がスッキリし、仕事の効率もアップするのです。

特に**運動後30分でパフォーマンスが上がり始めます**。精神状態も安定し、不安も減少するため、本番前に運動するのはとてもよい方法です。

心と体は繋がっています。心をコントロールすることは容易ではありませんが、体をコントロールすることは簡単です。

運動をすれば血流がよくなり、頭がスッキリします。頭がスッキリすれば、問題解決能力が上がり、嫌だと思っていたことがすんなりできるようになります。

運動はもっともシンプルで、効果の高い方法なのです。

◆ぼんやりする時間を持つ

トラブルが生じて、一刻も早く解決策を見出して実行しなければならない。なのに行動を開始するどころか、頭がさっぱり働かず、気持ちばかり焦ってしまう。これは珍しいケースではありません。むしろよくあることといえるでしょう。

どうにかしなくては、早くしなくてはと焦っても、まったくなにも浮かばないとき。こんなときは頭が空っぽになるような単純作業に取り組むのがよい方法です。ぼーっと上の空になって時間を過ごすのもいいでしょう。

例えば、資料をコピーして1部ずつまとめる、A4サイズのDMを黙々と4つ折りにする、社用封筒に住所スタンプを押していくというような、頭をほとんど使わない単純作業がお勧めです。

こうした「仕事」ではなく「作業」をしている間、人はなにも考えてないわけではありません。無意識のうちに頭の中で考え、情報を処理しています。**上の空になることで、脳本来の力を引き出す効果がある**のです。

なにかトラブルが生じたり、早急に解決しなければならないことが起きたときは、ひと通り考え、なにも浮かんでこないならそこで考えるのはやめてしまいましょう。そして数分間でいいので頭を使わない単純作業をしてぼんやり過ごす。すると問題解決の妙案が浮かび、行動に移しやすくなります。

◆過去の自分の頑張りを振り返る

頑張っても努力が実らないとき、これ以上頑張れないと思ってしまったとき。モチベーションが最低ラインまで下がってしまったときほど、その人の真価が問われるときはありません。しかし、もうひとふんばり、あともう少しと頑張っても、どうにもならないときは、残念ながらあるものです。

そうしたとき、もう一度自分を奮い立たせるためのなにかを持っていれば、再び行動を起こすことができるはずです。

私がお勧めしたいのは、スケジュール帳を見返すこと。

スケジュール帳に記された**過去の自分の奮闘ぶりは、必ず現在の自分を勇気づけてくれます。**自分の頑張りを客観的に見ることで、もう一度頑張ろうと思えるのです。

ですから、スケジュール帳は未来の自分を励ますつもりで記録を残しておくことをお勧めします。達成したこと、嬉しかったことを赤字で書き、そのときの気持ちも書き込んでおくといいでしょう。愚痴などのネガティブな言葉は省き、ポジティブな言葉でいっぱいにすること。それが未来の行動力を約束してくれるのです。

行動力

2万5千ドルの価値があるTODOリスト

「確実に行動を起こす方法」について、おもしろいエピソードがあります。

それは100年前のアメリカでの話です。鉄鋼会社の経営者、チャールズ・シュワップがいくつもの大企業を顧客に持つ凄腕の経営コンサルタント、アイビー・リーと出会いました。

アイビー・リーはシュワップに対し、「あなたの会社の効率を50%アップする方法を知っています」と言いました。

当時のシュワップは、自分を含めた従業員が「こうするべきだと思いながら、できない」という状態に陥っていることに頭を悩ませていました。この問題が解決する方法があるなら教えてもらいたい、というシュワップに対し、アイビー・リーが伝えたのが、次の方法です。

1．まず、紙に「明日やらなければならない重要な仕事」を6つ書き出す。
2．その6つの仕事に、重要な順に番号をつける。
3．翌日、このメモを取り出し、1から順番に仕事を片付けていく。

たったこれだけのことですが、ここには重大なルールが1つあります。それは、1の仕事が終わるまで、決して2の仕事に手をつけない、ということ。「もしすべてできなかったとしても、気にすることはありません」。アイビー・リーはいったそうです。「なぜなら、1番をつけたもっとも重要な仕事は最初に終わっているのですから」と。そして、さらにこう付け加えたといいます。「もしこの方法ですべての仕事を終えることができなかったら、この他のどんな方法を試しても無駄でしょう」。

その会話はたった20分で終わったそうです。そして数週間後、シュワップはアイビー・リーに2万5千ドルの小切手を送りました。100年前の2万5千ドルですから、莫大な金額です。しかし、シュワップはこの方法が計り知れないほどの価値があることを知りました。

自分自身はもちろんのこと、従業員のすべてが「やらなければならないこと」を確実に遂行できるようになったのです。そして数年後、シュワップは世界最大の鉄鋼会社の社長に就任し、大成功を収めました。

とてもシンプルながら絶大な効果のあるこの方法は、今でも「アイビー・リー・テクニック」とか「アイビー・リー方式」と呼ばれ、世界中で取り入れられています。

この方法を実践するとき、確実に成果を上げるコツが2つあります。

まず、内容を具体的に書くこと。例えば「営業に行く」ではなく、「○○社に営業に行く」といった具合です。「1. ○○社に営業に行く。2. △△社に営業に行く。3. □□社にアポイントメントのメールをする」というように具体的に書いたら、あとは1つずつ実行していくだけ。

このルールを厳守できたら、もう「やらなければならないのに、実行できない」ということはなくなります。

そしてもう1つのコツは、「6つのリストは前の日に作っておく」ということ。

判断力の章で、「判断力を無駄遣いしないために、あらかじめ決めておく」というテクニックをご紹介しましたね。

それと同様に、「やるべきこと」のリストは前の日に作っておくことです。

そして、当日になって何か割り込みの仕事ができても、よほど緊急度が高くない限り、基本的にはリストの通りに1つずつ実践していくのです。

このことで「やらなければならないこと」は「確実に実行できること」になるし、行動に移す前にためらったり迷ったりする無駄がなくなります。

行動力、実行力、チャレンジ力、そのすべてを実現するための方法はただ1つ、「やる」。それだけです。さらに付け加えるなら、「1つのことが終わるまで、次のことには手をつけない」こと。

TO DOリストをパソコンやスマホで管理するなど、さまざまな方法がありますが、私が試した結果、この「優先順位をつけて紙に書く」という方法が最良でした。

大成功を収めた実業家が2万5千ドルの価値があるとし、100年経った今でも多くの人が実践している方法です。

それだけでも価値のあるメソッドだと思いませんか?

しかも初期投資はゼロ。

ぜひ始めて、「計画をやり遂げることができる、行動力のある営業」になってください。

6つのリストを実践しよう！

1. 紙を用意し、明日やらなくてはいけないことを、具体的に6つ書く

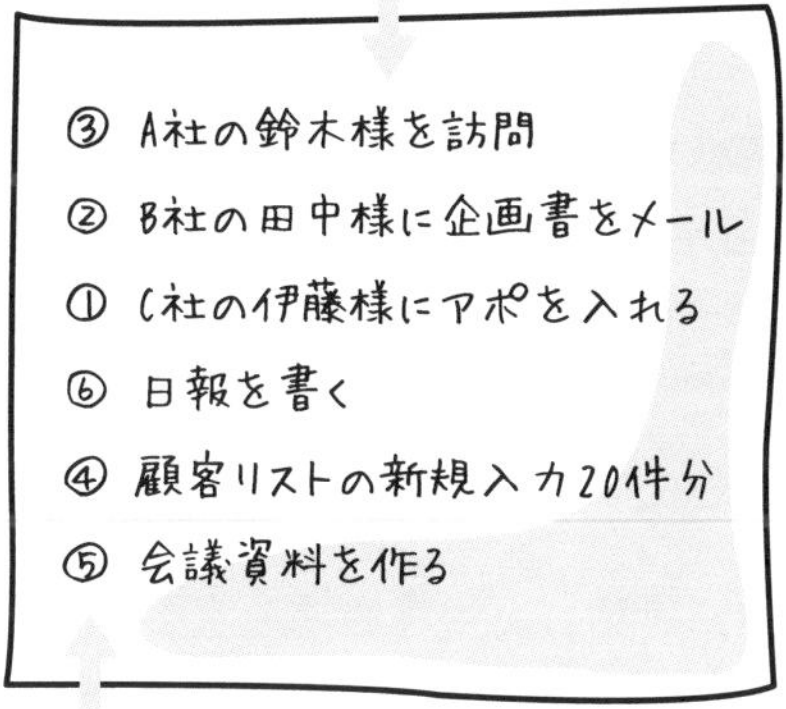
③ A社の鈴木様を訪問
② B社の田中様に企画書をメール
① C社の伊藤様にアポを入れる
⑥ 日報を書く
④ 顧客リストの新規入力20件分
⑤ 会議資料を作る

2. ①～⑥まで、優先順位をつける

3. ①から順にやってゆく。①が終わるまでは②に着手しない！

まとめ

☑ 行動力を高めて営業成績を上げる

営業成績を上げるためにもっとも確実で手っ取り早い方法は、１回でも多く営業に行くこと。それがわかっていてもできないのは、「行動力」が低くなっているから。パワーポージングや運動、ちょっとした生活習慣で行動力を高めよう。

☑ 迷いなく行動できる環境を作る

他のことに気をとられると、本当にやるべきことがぼやけてしまう。余計な情報を入れないために、デスクの上には必要な書類だけを置く、座る前に動けるよう、椅子の上に営業道具を詰めたバッグを置くなど、行動を促す環境作りをする。

☑ やるべき順に行動し、目標を達成する

寝る前に、明日やるべきことを６つ書き出し、１～６までの優先順位をつける。１が終わるまで決して次に手を出さないルールを厳守すれば、確実に成果を上げることができる。

Chapter 5

「説得力」は言い方の技術

説得力

トークが下手でも「説得力」を高めるには？

さまざまな仕事の現場で不可欠なこと、それは「相手と話すこと」です。デスクワークや制作などの単独作業が仕事の大半を占めていたとしても、受発注の際や仕様の打ち合わせなどで取引相手と話すことは避けられません。

そして、あらゆる職種の中でもっとも「話すシーン」が多いのが、営業職だということは、改めて説明するまでもないでしょう。

商品の説明、迷っている相手の背中を押すときなど、相手に対して説得力を発揮しない限り、クロージング（顧客と契約を締結すること）はできません。

こう説明すると、「ほら、やっぱり営業にはトーク力が不可欠じゃないか」と思われるかもしれません。しかし、改めて断言します。

説得力とトーク力はまったく関係がありません。

トークがうまくなくても説得力を持つ人もいれば、トークが抜群にうまいのに説得力が皆無、という人もいます。例えばこんな営業はどうでしょう。

・一方的に話す。

・目が泳ぐなど、視線を合わせようとしない。
・こちらの知りたいことについて答えてくれない。

「トーク力」は、「何を話すか」に関心が向きがちです。取り扱っている商品についての知識や相手に関すること、そして社会情勢や業界の状況など、さまざまな「話のネタ」を仕込んでおくことを心がけている営業も多いと聞きます。

しかし、こうした努力をしたところで、クロージングには至りません。なぜなら、**人は説得力を感じない限り、いい話だとは思わない**からです。その人がどんなに話し上手だとしても、このような話し方では信頼は得られません。また、どんなに多くの知識を披露したとしても、それが相手にとって知りたい情報でなければ、興味を引くことはできないのです。

営業を頑張ろうとすればするほど「何を話すか」に気持ちが向きがちです。

しかし、重要なのは「相手にどう伝わったか」。

例えば商品の魅力を伝えようとして、ペラペラとメリットを並べ立てたとしても、相手が「何か欠点をカバーするために長所ばかり並べている」と受け取ってしまったら、クロージングに至ることはありません。いくら「そういうつもりはなかった」と言ったところで、聞く耳さえ持ってもらえないでしょう。

ところが、「自分の話を聞いてくれている」「自分のことを考えてくれている」と思わせるような言い方をすれば、相手に与える印象はポジティブなものに変わり、「この人から買ってみよう」という気持ちにさせられます。

重要なのは、話の内容ではありません。言い方・話し方なのです。

この章では相手の信頼を引き寄せ、ポジティブな印象を与える言い方・話し方を中心にご紹介していきましょう。

口下手、トークは苦手という人でも、言い方・話し方ひとつで商談に説得力を持たせることができる、まさに必勝のテクニックといえるでしょう。

説得力

話を聞くだけで営業がうまくいくのはなぜ？

「説得力をアップさせるには、話の内容よりも言い方」とお伝えしました。しかし、その前に、大前提となる重要なテクニックがあります。

それは、まず**相手の話をとことん聞く**ということ。

営業という仕事の最終目的は、いうまでもなく自社商品を買ってもらうことにあります。そのため、商品の特性や有利な取引条件などをアピールし、ときには情に訴え、ときには親しみを表しながら交渉する。つまり「話す」ことがメインとされがちです。しかし、最初から相手が買う気満々ならまだしも、迷いやためらいがある場合、一方的に話すのは逆効果になりがちです。先の章でもお伝えしましたが、立て板に水のように話されてしまうと、相手の心に「なんとかしてこの場から逃れたい」という思いが生まれ、右から左に聞き流す状態になってしまうのです。

自分は話さなくていいから、相手に話させ、「とことん聞く」状態にするのが、営業のはじめの一歩と考えましょう。

しかし、待っていても相手が話し始めるわけではありません。そうしたときは、「いつもはどういうモノを使っているのですか?」といった**質問をして、相手が話し始めるきっかけを作る**のです。

相手が話す内容は、常に自分にとって都合がいいものばかりではありません。「前に使っていたのは不便だったから、こういうのが欲しいと思っていたんだよ！」というのは理想ですが、滅多にありません。むしろ「こういうのって使いにくいんだよね」といったネガティブな言葉が出てくることのほうが多いのが現実です。

そうしたときに「そうでしたか……」と引き下がってしまうと商談が終わってしまいますが、だからといって「いえ、弊社の新製品はですね」と売りたい商品のアピールを始めるのも逆効果。

もし相手がネガティブなことを話し始めても、「どこが使いにくかったのですか？」などと質問を続け、相手に話し続けさせましょう。

なぜなら、**人は「たっぷり話を聞いてもらった」と感じると、「今度は自分が相手の話を聞かなければ申し訳ない」という感情を持つもの**なのです。

何かをしてもらうとお返しをしなければならないという心理のことを、「返報性の原理」といいます。

これを活用して、**さまざまな質問をしながら、できるだけたくさん相手に話させる**

と、しばらくしてから「……で、この新製品は今までとどう違うの？」などと、向こうから質問をしてくるようになります。しかも、返報性の原理が働いているため、こちらの言葉に対して受け入れる気持ちになっているのです。

これは一方的に営業トークを重ねたときには得られない効果です。

まず充分話させること。それが、自分の話を受け入れさせるための必勝法なのです。

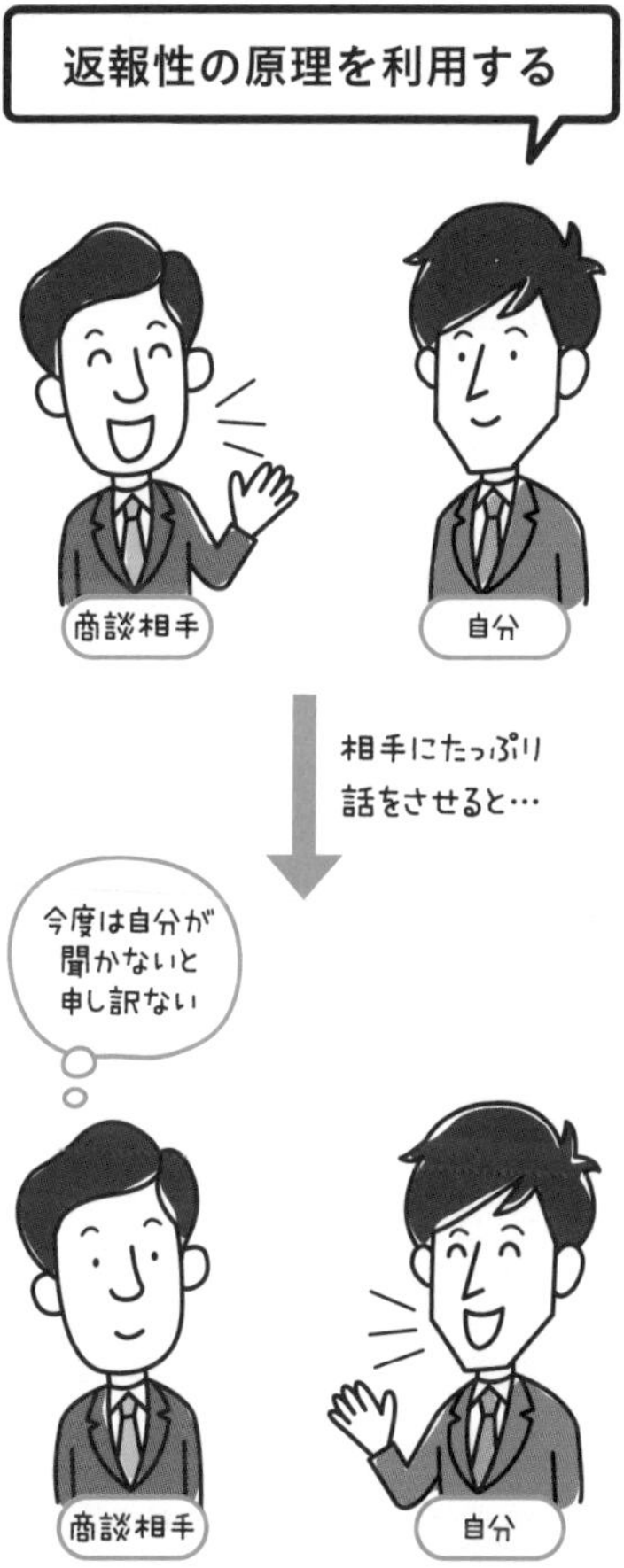
返報性の原理を利用する
商談相手
自分
相手にたっぷり話をさせると…
今度は自分が聞かないと申し訳ない
商談相手
自分

説得力

3つの小技で説得力をアップさせる

「この人の話なら聞いてもいい」と相手に思わせるテクニック、それは「相手に話させ、話をとことん聞く」というシンプルなものでした。

まずは相手に話させることで、「向こうの話も聞かなければ申し訳ない」という気持ちにさせて、話を受け入れやすい下地を作る。そしてその次に必要なのが、**相手がつい納得してしまうような言い方をする、ということです。**

1つずつ説明していきましょう。

◆バックトラッキングとYES・BUT式会話術

会話のはじめは特に、こちらの提案を否定されることがよくあるでしょう。「こういうのって、あまり使わないんだよね」とか、「前に同じようなモノを使っていたけど、不便だった」などです。こうしたときに「いえ、弊社の商品は……」とアピールするのではなく、質問を投げて会話を続けることが重要だと前項で説明しました。

相手から会話を引き出すために使って欲しいのが「バックトラッキング」と「YES・BUT式会話術」です。

バックトラッキングとは、「相手の言葉を繰り返して質問を続ける」方法。例えば「前に採用したのは使いにくかったんだよね」と言われたら、「前に採用したのは不便だったのですね。どのような点が使いにくかったですか？」といった具合です。

相手の発言を繰り返すことにより、相手に「自分の言い分を受け入れてもらった」「気持ちをわかってもらえた」という印象を与えることができます。

バックトラッキングで質問を続けることによって、相手の情報がどんどんたまっていくはずです。何が不便だったか、どんなモノが欲しかったか、好みのタイプはどういうモノなのか。それがわかったら、「相手の要望を叶えるもの」として、営業を開始します。つまり、**不便だという理由を打**

うちは
コスト重視だから
安くないと…
そうですよね
コストと同時に
質も大切に
されているのでは？
NGワードの
『だけど』は使わない

ち消すようなメリットや違いを打ち出していくのです。

このとき重要なのが、**決して相手の言い分を否定しない**ということ。そこで活用したいのが、YES・BUT式会話術です。

例えば、「うちはコスト重視だから、安くないと困るんだよ」と言われた場合。「でも、いくらコスト重視といっても、品質は落とせませんよね」というと否定になってしまいます。「でも」「だけど」と思ったとしても、その言葉は引っ込めてください。このケースなら「そうですね、コストは大事ですよね。（でも）御社はブランド力もありますからコストと同時に質も大事にされていらっしゃるのでは？」というように相手をいったん肯定しながら「でも」を使わずに自分が売り込みたいテーマ（ここでは「品質」）にスライドしていく。このYES・BUT式で会話の主導権を握りましょう。

◆話す速度

話すスピードについて、「ゆっくりとわかりやすく」がよいとされていた時代がありましたが、それよりも「**始まりは早く・後は遅く**」をお勧めします。

話し始めは、どうしても相手が不安や猜疑心を抱きがちです。そうしたときにゆっくり話していると、「本当か？」という疑いや「吟味しなければ」という慎重さが出て、内容がすんなりと入っていきません。

相手がギリギリついてこられるくらいのスピードで畳み掛けるように話すことで、相手に余計なことを考える隙をなくしてしまうのです。このとき、もう1つのポイントは、要所要所で専門用語を使うこと。すると、相手に「この人は専門家なのだ。知識がたくさんあるから、早くしゃべれるんだ」という印象を与えることができます。そうすると相手に自分に対する信頼感が生まれ、聞く体制を作ることができます。自分に対する権威性や説得力は、序盤の早口で作り上げることができるのです。そして、相手が聞く体制になったら、ゆっくりとわかりやすく話す。最初から最後まで早口だと、「よくしゃべる人だな」で終わってしまうので、スピードのコントロールが重要です。

◆接続詞

会話の中で適切な接続詞を使うと、説得力が増します。特に効果があるのは「だから」「なので」という理由づけの接続詞です。

ロバート・B・チャルディーニによる「影響力の武器」という、コピー機を使った心理学の実験があります。コピーの順番待ちをしている人に、ただ「先にコピーさせてもらえませんか?」と頼むと、順番を譲ってくれる人は60%くらいですが、「急いでいる"ので"先にコピーさせてもらえませんか?」と理由づけをすると、なんと94%もの人が順番を譲ってくれるのです。そしておもしろいことに、「コピーを取らなくてはいけないので、先にコピーさせてください」という理不尽な理由で頼んだとしても93%もの人が譲ってしまうのです。この実験は、人が話の内容よりも「なので」という理由づけの接続詞に反応していることを示しています。

ネクタイを選んでいるとき、「これは青だから知的に見えます」とか「赤だからパワフルに見えます」と言われると、納得してしまいますね。特に相手がベテラン風の店員だったりすると、「どうして?」よりも「そうなんだ」が先に立ってしまうのです。

この心理を利用して、**「だから」「なので」をうまく使うと説得力がアップします。**「開発に5年をかけた"ので"品質には自信があります」「保育園にも採用された"から"安心です」など、よく考えれば理由がはっきりしない、隙のある論理です。しかし、「だから」「なので」を入れることで、発言の正当性が担保されているような錯覚を起こすことができるのです。

説得力

この「たとえ話」で決断させる

言葉に説得力を持たせるには、「たとえ話」を使うことも有効です。しかし、闇雲な例示は相手を混乱させ、「ごまかそうとしている」という印象を与えかねません。

相手の心が動く「たとえ話」には、法則があります。

◆類似性

人は自分と似たものに対して本能的に安心感を抱くものです。例えば新しくできた店を訪れたとき、自分と同じくらいの年齢の客がいると「ここに来てもいいんだ」とホッとするといった経験は誰にでもあるでしょう。

営業で類似性を使うと、相手の安心感を引き出すことができます。

例えば、先方の顧客の年齢層を把握しておき、「御社のコアターゲットの40代女性に好評です」と伝えるのはとても効果的です。

それだけでなく、相手に「自分と同じような人が選んでいる」と思わせるのもいいでしょう。「品質にこだわる人に選ばれている」といった言い方です。

採用するかどうかで悩んでいる人に対し、それを選んでも問題がないことを保証して決断の後押しができるのが、類似性を使うメリットです。

◆ソーシャルプルーフと権威効果

「みんながやっている」という安心感を意味する「ソーシャルプルーフ（社会的な証明）」、そしてなんらかの権威のある人が価値を保証しているという「権威効果」。この2つは営業の場面で大いに活用できます。もっとも強力なのは2つを組み合わせた「多くの専門家たちが推薦している」「研究者のほとんどが使っている」というもの。「世界的に有名な投資家が太鼓判を押した金融商品」などという言葉とともに、それを客観的に証明する資料があれば完璧でしょう。

専門家や研究者などによる権威付けができない場合は、「富裕層が愛用している」「重役クラスの受けがいい」「流行に敏感な人たちの間で話題」などもいいでしょう。これも決断しきれず迷っている人の背中を押してくれます。**売り上げデータなどを分析して商談に活用することは、とても重要です。**

◆両面呈示

何かを勧めるときの方法に、一面呈示と両面呈示があります。一面呈示とは、「この器具を毎日30分使うだけで痩せられます」というように、その商品のよいところのみを勧めるやりかたです。これに対して「この器具を毎日30分使うと痩せられます。ただ、慣れないうちは筋肉痛になりやすいです」というように、そのものの**長所だけでなく、短所も合わせて伝えるのが両面呈示**です。

この例は「長所から短所」パターンですが、「他社の商品と比べて高いのですが、故障が少ないため長持ちします」というように「短所から長所」のパターンもあります。2つの例からもわかるように、両面呈示には「短所も隠さず伝えている＝本当のことを言っている」「誠実に対応してくれている」という印象を与えることができます。そして「この人から買いたい」という気持ちにさせられるので、営業に絶大な効果があります。

「許せる範囲の欠点」を見つけて商談に使うのがよいでしょう。

説得力

説得力は見た目で作れる

さて、ここまでさまざまな説得力を上げる方法をご紹介してきました。そして、重要なのは言葉を並べ立てることではなく、「言い方」だとお伝えしてきました。

しかし、説得力を上げるために重要なのは、それだけではありません。

説得力に関して、リチャード・ワイズマンという心理学者が、アメリカのテレビ番組『People Watchers』で行ったおもしろい実験があります。路上にゴミ箱があり、その隣に実験者が立ちます。そして、実験者が道行く人に落ちているゴミを拾ってゴミ箱に入れるよう頼むのですが、実験者のスタイルを、Tシャツにジーンズというラフなものからスーツ、警備員、そして警察官の制服、と次々に変えて、どのスタイルのときにもっとも効果が高いかを調べるのです。

結果はもちろん警察官の制服で、次が警備員スタイルでした。それだけでなく、警察官や警備員の格好をしているとき、人はどんなに馬鹿げた頼みごとでも聞いてしまう、ということがわかったのです。

これは、**人が服装を含めた見た目で判断し、その人に従うかどうかを決めている**、ということを証明しています。

テレビ番組の実験に限らず、見た目が重要だということは、多くの人が日常的に感じていることでしょう。

例えば、バイトの面接に2人の大学生がやって来たとします。1人は襟がピシッとしたポロシャツにチノパンで、もう1人が首の周りがヨレヨレのTシャツに裾が擦り切れたジーンズでやって来たとしたら、どちらを採用するかは言うまでもありませんね。だらしない格好をしている人間は精神もだらしないのだと、多くの人は無意識のうちに断じているのです。

このように他人に対しては厳しく見た目で判断しているのに、自分のことになるとあまりにも意識が薄い人が多いように感じています。

アイロンもかけていないシャツを着ていたり、角が擦り切れたバッグを使っていると、誰もが「この人と取引して、大丈夫かな」と思うはずです。

まずは他人の目になって自分を見てみること。自分の姿から説得力が感じられるか、客観的に判断してみることが、とても大切です。

その際に「顧客に合わせたスタイルをしているか」もチェックしてください。

例えば富裕層を相手にしたいなら、いい時計を身につけることがとても重要です。

見落としがちですが、ファイルやペンなどの小物にも気が抜けません。

こんな話があります。

昔、アメリカでジルコニアという模造ダイヤを売る会社が2つあったそうです。両方とも「石はプレゼントするので指輪を作りませんか？」というキャンペーンをしました。1つの会社は応募者に対して石を袋に入れて送ったのですが、指輪を注文する人はほとんどいなかったそうです。ところが、もう1つの会社は、石を指輪ケースに入れてきれいにラッピングして送る方法をとりました。当然、余分な経費がかかっているのですが、石を受け取った人の多くが指輪を注文したそうです。

これは「パッケージによってモノの価値が大きく変わる」ことをはっきりと表しています。

人間も同じです。**見た目を整えることで、信頼性と説得力を得ることもできるのです。**改めて考えるまでもなく、あっけないほど簡単な方法ではありませんか。「中身で勝負だ！」と思うなら、いっそう外見にも力を入れるべき。中身と外見が揃えば、これほど強いことはないのですから。

まとめ

☑ 一方的な「営業トーク」は禁物

相手に迷いやためらいがある場合、一方的に話すのは逆効果。相手にとことん話をさせると、返報性の原理が働き、客は「今度は自分が相手の話を聞かなければ申し訳ない」という感情を持つ。「相手に話させ、その話を聞く」ことから始めよう。

☑ 相手の言い分を否定しない

商談相手に、売り込みたい商品を否定されても、決して先方の言い分を否定しない。反論があっても相手をいったん肯定し、「でも」を使わずに自分の売り込みたいモノに話をスライドさせれば、話の主導権を握ることができる。

☑「見た目」を整える

アイロンもかけていないシャツを着ている人は、精神もだらしないと無意識に判断される。他人の目になり、自分の姿には説得力があるか、今日会う客に合っているかを確認しよう。富裕層を相手にしたいなら、時計や文具などの小物もよいモノにこだわろう。

「忍耐力」で現状を変える

Chapter 6

忍耐力

営業に必要な「本当の忍耐力」を身につける

ここまで「観察力」「行動力」「判断力」「説得力」と、営業に必要な力について説明してきました。これらの力をまとめて端的に言い表すなら、「相手にアプローチし、商談をまとめるために必要な力」といえるでしょう。「相手への攻め方」と捉えてもよいかもしれません。

しかし、5つの力の最後にお伝えするのは、今までとは少し違っています。

それは、営業には必ず必要になる力、忍耐力です。

営業という仕事には、忍耐がつきものです。

商談相手の反応が悪いとき、さらに押したい気持ちをこらえる忍耐もありますし、時期尚早としてタイミングを計る忍耐もあります。これらは「戦略的前向きな忍耐」といえますが、そうではないネガティブな忍耐もあります。

例えば、飛び込み営業の相手に、暴言を吐かれても言い返さない忍耐や、話を聞いてもらえなかったり、あからさまに失礼な態度を取られたとき、怒りをこらえる忍耐もあります。無理難題を押し付けられることもあるでしょうし、人格を否定されるような言葉を投げつけられることもあるかもしれません。しかし、営業として人と接しているときは会社の名前を背負っているわけですから、たとえ怒りの衝動が湧き起こったとしても、個人の感情をぶつけることはできません。

このように、営業活動の中にはさまざまな忍耐が必要となります。社外だけでなく、社内でも無理難題を押し付けられる、状況を理解してもらえないなど、上司や同僚に対して耐え忍ぶこともあるでしょう。

こう考えていくと、営業という仕事は日々が忍耐の積み重ねという面があります。毎日が試練の連続だと感じてしまうこともあるかもしれません。

こうした状況に押しつぶされたり、精神的に参ってしまわないためにも、営業には忍耐力が必要なのです。

ただし、誤解してはならないのは、忍耐力とは「ひたすらじっと耐え抜く力」とか、「辛さや苦しさが増すほど、多くの我慢が必要」というものではないということ。

忍耐は「ぐっとこらえる」とか「奥歯を噛み締めて」などと表現されることがあります。しかし、そういった辛い思いばかりしていては、遠くない未来に破綻するに違いありません。

無理を感じずに「耐えられてしまう力」、それが忍耐力の本当の姿です。

それを身につける方法を、お伝えしましょう。

忍耐力

間違いだらけのストレス解消法

「日々我慢し、耐えている」営業職の人たちにとって、その辛さや重圧から逃れるために必要とされているのが「ストレス解消法」です。

テレビや新聞、雑誌などで「私のストレス解消法」というテーマで政財界の大物や一流企業のトップが休日に読書、盆栽などを楽しむ姿が紹介されることがあります。それをすることで激務による心身の疲れを癒している、などというコメントを聞いて、自分にもストレス解消法が必要だと痛感している人も多いでしょう。

しかし、メディアで取り上げられるようなストレス解消法が見つからないとき、つい手っ取り早く始めてしまうのがギャンブルや酒という人もいるのではないでしょうか。1日中ネットサーフィンをするという人や、女性だと、「友達とおしゃべりする」という人も多いでしょう。

ところが、こうした方法ではストレスは消えません。休日にずっとパチンコをしていたり、あるいは1日中ネットサーフィンをしたあと、夜になって「また明日から仕事」と思ったときにどのような気分が襲ってくるでしょう。

おそらく「あーあ」と深いため息をついてしまうのではありませんか？　パチンコ

やネットサーフィンをしても心身は癒されず、明日への活力が湧くこともなく、ただ「1日を無駄に過ごした」という苦い思いが残るだけ。まったくの逆効果にしかなりません。

そんなことはない、ギャンブルでスッキリする、という人もいるかもしれませんね。しかしこれは科学的に証明できる真実なのです。

ストレスが解消されるには、抑制性の神経伝達物質として興奮を鎮めリラックスをもたらす効果のあるガンマ-アミノ酪酸や、精神の安定をもたらし、「幸せホルモン」と呼ばれるセロトニンが分泌される必要があります。

これらの神経伝達物質は、「癒される活動」をしたときに分泌されるのが特徴で、例えば、瞑想や礼拝、読書、自然の中での散歩などに代表される「静」の活動で分泌が盛んになります。また、友達や家族とのゆったりとした会話なども効果的です。

一方、パチンコやネットサーフィン、飲酒ではこれらの物質は分泌されません。むしろ、人を興奮状態に導くドーパミンの分泌が過剰になります。

ドーパミンの分泌が過剰になると「それをせずにいられない」「やらないとイライ

ラする」という状態になります。これがひどくなったものが依存症です。

特にこの傾向が顕著なのがギャンブルで、パチンコをするほどドーパミンが増加し、セロトニンの量が減っていきます。その結果、食欲が低下したり、終わってから心身共に疲労し、次の日に虚脱感を引き起こします。これは単なる疲れではありません。ドーパミンが大量に分泌されることで覚醒状態になったことが原因です。

こうしたことから、ドーパミンを分泌する活動、つまりギャンブルやネットサーフィンはストレス解消にはならないのです。

また、特に女性は、友達と噂話や悪口を

ストレスの解消になるもの ならないもの

言い合うとスッキリし、ストレス解消になるという人も少なくありません。

実はこれも、ドーパミンに似た物質が出ることによる恍惚状態が原因とされています。

噂話は人とのつながりを強くする、という意見もあります。ですから、悪口を言い合うのも、少しくらいならいいかもしれません。

悪口を言うことは、単に自分が相手の悪いところをたくさん見つけている行為にすぎません。つまり、ネガティブなものばかりに目を向けているということ。これが続くと「ネガティブなものを発見する能力」が鍛えられ、ネガティブなものばかりがどんどん見つかるようになるのです。

これはネガティブなものを自分に引き寄せているような状態で、とても幸せとはいえません。わざわざ耐えなければならないもので周囲を満たしているようなものです。

ギャンブルもネットサーフィンも、噂話も、している間は気分がスッキリするかもしれません。しかし、自分で自分をより苦しい方向へと追い詰めているようなものだということを、知っておく必要があります。

ストレス解消のつもりの行動が、かえって自分を苦しめることになっている。そのようなことは避けましょう。

先にご紹介したトップエグゼクティブたちが休日に行っているのは、ストレス解消というより「趣味」。彼らのように心から楽しめて、打ち込める趣味を見つけることが必要です。

さらに、「忍耐力を鍛える」ことを第一にして欲しいと思うのです。決して誤解してほしくないのですが、忍耐力が鍛えられた状態とは、「どんなことがあってもじっと耐え抜くことができる」という状態ではありません。

真の忍耐力とは、我慢する力ではなく、自分をコントロールする力です。

この力があればストレスを感じることもなくなり、日々の暮らしが充実していきます。

忍耐力

自己コントロールで「忍耐」を不要にする

前の項でご紹介したように、好きな趣味に取り組むことでストレスを解消し、プレッシャーに負けない自分になることはとても大切です。

しかし、もう一度考えてみましょう。

ストレスは、本当に悪いものなのでしょうか？

ストレスは、完全になくしたほうがいいのでしょうか？

かつて、ストレスは病気の原因になる、それどころか死亡リスクを高めるといわれていました。

ところが最近になって、「問題はストレスではない」とされるようになりました。

2013年、あらゆる分野のエキスパートが行う講演会・TEDカンファレンスで、スタンフォード大学の心理学者、ケリー・マクゴニガルがプレゼンテーションを行いました。「ストレスを友達にする方法」というプレゼンテーションは、ストレスに悩むクライアントを多く抱える精神科医や心理学者に衝撃を与えました。

マクゴニガルはこう結論づけました。ストレスはそれ自体が有害なのではなく、「ストレスは体に悪い」と思うことが有害なのだ、というのです。

これを証明する「社会的ストレステスト」という実験があります。被験者は厳しい目つきの審査員がため息をつく中でスピーチをさせられたり、急かしたり遮ったりする試験官の前で暗算させられたりと、プレッシャーを与えられ続けます。すると当然心拍数が高まり、呼吸が早くなるというストレス特有の症状が表れます。しかし、被験者の半分は、心拍が早くなっても血管はリラックスした状態だったといいます。彼らは「心拍や呼吸が早くなることで脳に血液が行くようになる。ストレス反応は成績を上げるのに役に立つ」と教えられたグループだったのです。

この実験が示すのは、たとえ大きなプレッシャーがかかったとしても、それを「ストレス」ではなく「自分を成長させるもの」と思うことで、ストレスをよいものに転換できる、ということ。

ストレスは悪いもの、解消すべきという考えは、単なる思い込みに過ぎないのです。

人は、たくさんの理不尽な思いを抱えながら生きていきます。思い通りにいかないこともあるし、理不尽な要求を突きつけられて怒りをこらえることもたくさんあります。誰しも、「ありのまま」や「思いのまま」には生きられません。自分の感情を抑えたり、無理難題を飲んだりすることは、避けられないのです。

しかし、それを「忍耐」「我慢」とするのは、目の前に起きたことを「有害なストレス」に貶めることにすぎません。

営業の中でさまざまなことが起きるからこそ、柔軟な対応を学べる、自分が成長できると発想を切り替えてみましょう。

嫌なことを避けようとするのではなく、意義を求めること。そうやってストレス要因に対処していくことが、本当の「忍耐力」なのです。

忍耐力

意志力を持って対処すれば、現状を変えられる

ストレスはどう捉えるか、どうつきあうかによって、有害にも有益にもなります。

とはいえ、実際に営業先で礼を失した扱いを受けたり、どう考えても理不尽な要求を突きつけられれば、どんな人でも怒りが湧き上がってくるでしょう。

我慢の限界がきたり、義憤に駆られて完膚なきまで相手をやりこめ、同じような思いに耐えてきた人たちから喝采を浴びる……そんな場面はテレビドラマや小説や漫画、つまり架空の世界でしかありえません。実際に取引先で「あなたのやり方は間違っている！」などと声を荒げたらどんな展開になるのか。社会経験が豊富であるほど、想像するまでもなくわかっていることでしょう。

では、そうしたときは文字通り「耐えて忍ぶ」忍耐が必要なのでしょうか。じっと我慢するしか方法はないのでしょうか。

本来の意味での「忍耐」とは、ひたすら耐えること。必死に風雨に耐えながら嵐が過ぎ去るのをじっと待っているのと同じです。

ひたすら我慢し、耐えることでその状況から逃れられるかもしれません。しかし、ただじっと耐えるだけでは、状況が変わらないことがほとんどです。ビジネスでは、

どうすれば状況を変えられるか、意志を持って考察することがとても重要なのです。

嫌な人がいた、嫌なことを言われた、しかし今の立場では反論することもできない、だから耐えるしかない。これではまったく状況は変わらず、前向きに捉えることもできず、ひたすらストレスがたまっていくだけです。

そのような「受け身」の状態に自分を置くのではなく、「自分にできること」を探し、解決策を見つけていくことが大切です。

それに、相手を「嫌な奴」「でも逆らうことはできない奴」と思い込んでいるうちは、状況はまったく変わりません。

もし**本当に嫌な相手と仕事をすることになったら、相手を「未熟な人間」と思うことです。**そうすることで、相手より心理的に上に立つことができます。繰り出される嫌味や無理難題も、未熟な人間が繰り出している未熟な要求だと捉えれば、対処の仕方が見えてきます。

例えば「ハイハイと言っておけば満足なんだから、とりあえず従ったふりをしておこう」ということもあるだろうし、「少し持ち上げればごまかされるんだから、お世辞でも言っておこう」ということもあります。いずれも、自分のほうが上に立っているので自尊心が傷つけられることもありません。冷静に「こんな未熟な人間とビジネスをしても、自分の会社に利益がもたらされることはない」と判断し、関係を切ることもできます。

意志の力で自分の感情をコントロールすること。そして状況を変えること。
それは闇雲に耐える「忍耐」とはまったく意義が異なります。

自分の選択と決断が自分の人生にどんな意味をもたらすのかを考えること、そしてどんなストレスでも対処できる自分だと信じること。それが真の忍耐力なのです。

まとめ

☑ 正しいストレス解消法を取り入れる

ストレス解消に必要なのは、ガンマ-アミノ酪酸やセロトニン。これらは「癒される活動」をすると分泌される。瞑想や読書、自然の中での散歩、友達や家族との語らいが効果的。興奮状態になる酒やネット、ギャンブルはストレス解消にはならない。

☑ ストレスで自分を成長させる

ストレスが有害という思い込みを捨てる。営業をしている中で、大きなプレッシャーがかかっても、それをストレスとは考えず、「柔軟な対応が学べる」「成長できる」機会だと発想を切り替えよう。

☑ 感情をコントロールし、状況を変える

「逆らうことができない相手」と思い込んでいるうちは、状況は変わらない。相手を「未熟な人間」と思うことで、相手より心理的に上に立とう。未熟な人間の未熟な要望だと捉えれば、的確な対処法が見えてくる。

勝てる営業になる

Chapter 7

自分に足りない「5つの力」を自覚して鍛える

ここまで、世間一般で言われているような「営業には口のうまさ、つまりトーク力が必要」というのは単なる思い込みで、本当に必要なのは「5つの力」だということを述べてきました。

しかも、それは決して特別な力ではなく、誰にでも持てる力だということも、繰り返しお伝えしてきました。本書の冒頭でご紹介したビール売り子たちも、最初の頃は重いビールの樽を背負って野球場の観客席をただひたすら行き来していたのです。その中で5つの力がついていったのではないでしょうか。

思うような成果が出ない、営業がうまくいかない、そんな状態が続くのは辛いものです。これがあまりにも長く続くと、やがて自分の適性や能力を疑う、気力が落ちる、自己嫌悪に陥る……こうした状態にはまりこんでしまう恐れもあります。

そんなときほど、「観察力」「判断力」「行動力」「説得力」「忍耐力」を思い出して欲しいのです。

営業がうまくいかなかったのは、5つの力が発揮できなかったからに過ぎません。決して自分の性格や能力に原因があるわけではないのです。その上で、「今、どの力が足りなかったのか」を考えてみましょう。それぞれの力が足りなくなると表れる状態は、次の通りです。

●観察力がない

相手が売れる客かどうか、見極められない。相手が出すサインを見過ごし、乗り気になった客の話題を広げることができない。相手が必要としていないことについての説明が長い。

●判断力がない

乗り気でない相手に対して、商談の切り上げどきがわからない。自分が出した決断に自信が持てない。

●行動力がない

やるべきことはわかっているのに、なかなか実行に移せない。頭の中で考えた手順は完璧なのに、着手することができない。

●説得力がない

うまくいきかけていた商談をクロージングできない。一生懸命説明をしているのに、相手が不機嫌になってしまう。

●忍耐力がない

嫌なことを耐えてばかりだと思う。相手の要求に対して強いストレスを感じる。

あてはまるものがあれば、今その力が足りなくなっている、または発揮できなくなっている状態です。まずは**自分に何が足りないのかを自覚し、その力を鍛えるように心がけましょう。**

余計な決断を
減らせば
全力投球できる

今、この本を読んでいる人で、故スティーブ・ジョブズを知らない人はきっといないでしょう。アップル創設者でありカリスマであり天才であり奇人とされるジョブズのことを考えたとき、おそらく世界中の人が同じスタイルを思い浮かべるはずです。つまり、「黒のタートルネック、ジーンズ、スニーカー」です。アップルの新製品発表会でのジョブズは、決まってこのスタイルで、これが揺らぐことはありませんでした。

また、フェイスブックCEOのマーク・ザッカーバーグは、グレーのTシャツにジーンズ、黒のパーカーですし、オバマ大統領はいつも紺かグレーのスーツです。アインシュタインも、常に同じモデルのスーツを着ていました。

多くの成功者が、常に同じ服を着ているのには理由があります。それは**「日常の中での決断を最小限までに減らすということ」**です。

目の前に起きていることに対して的確に判断する、自分がどうするべきかを迷いなく決断する、最善の道を選択する。そしてやるべきことをやり、やるべきではないと判断したものは拒む。成功者たちはなによりもこれらに重きを置いています。

これらを「5つの力」と別の名前で総称するなら、それは「意志力」ということができます。

ここで改めて「意志力」について説明しましょう。

「意志力」とは、「根性」や「精神力」とは少し違います。

自分で決めたことをやり遂げるには、自分がどういう状態になりたいのかを決め、そのためにやるべきことをやり、やってはいけないことをやらないことが欠かせません。つまり、自分をコントロールしなければならないのです。

自分をコントロールするには、ウィルパワーが必要です。

ウィルパワーとは、自己コントロールのための脳の体力で、肉体の体力と同様に使えば使うほど消耗します。すると、自己コントロールが発揮できなくなり、集中力が切れたり、誘惑に弱くなります。このウィルパワーを司るのが前頭葉です。自己コントロール能力を高めたいなら、根性論に頼るより、前頭葉を鍛えられるようにしたほうがいいわけです。

この項の冒頭で紹介したスティーブ・ジョブズやマーク・ザッカーバーグ、そしてオバマ大統領やアインシュタインを思い出してください。彼らは「毎日同じ服を着る」ことで、「毎日どの服を着るのかを決める」という些細な決断を減らし、重要な決断を誤らないようにしているのです。こうして、無駄なところで意志力を使わないことが、前頭葉を鍛えることになります。

余計な決断を減らすこと。それが意志力を強くし、目標を達成する原動力となるのです。

ライフタイムバリューを意識すると焦りが消える

「大きな契約をまとめなければ」「少しでも高い商品を売らなければ」。営業をする中で、このような焦りを感じるのだとしたら、それはまったく無駄なことだと最初にお伝えしておきます。

営業で重要なことは、1人の客に高い商品を売ることではありません。例えば100万円の売り上げ目標を立てたとき、目指すのは100万円の商品を買ってくれる客を見つけることではありません。10万円の商品を買ってくれる客を10人、あるいは1万円の商品を買ってくれる客を100人など、**「1人でも多くの客に売る」ことを目指すべき。**それがライフタイムバリューです。

ライフタイムバリューとは、日本語では、「顧客生涯価値」と訳されています。これは、気に入ったメーカーやブランド、サービスがあると、生涯にわたってそれを購入し、会社に利益をもたらし続ける、ということ。この傾向がよく現れるのは、車とパソコンです。「A社の車以外には乗らない」とか、「○○（国名）の車しか乗りたくない」という人や、特定のパソコンメーカー以外は使わないという人は多くいます。こうなると、単なる「客」という存在を超えて「ファン」、さらに「信者」とさえいえる状態です。営業はこうした客をつかむことが重要なのです。

「大金を使ってくれる客をつかんだほうが早くノルマが達成できるから楽」と考えて、できるだけ営業の回数を減らそうとする営業もいるかもしれません。

しかし、大金を使う客をつかむのは、かなり大きなチャレンジであり、賭けです。もちろん、成功する可能性はゼロではありません。しかし、大金を使った客は、リピーターになりにくいのです。

それは、予定外の大きな出費を後悔する気持ちや、営業の言葉に乗せられてしまったことに対する嫌悪感などが生まれやすいことに原因があります。そうそう毎回大金を使ってはくれないでしょう。「大金を使ってくれるリピーター」は夢のようにありがたい存在ですが、残念ながらそうした客はほんの一握りに限られるのです。

そのため、「大金を使ってくれる客」を目指すと、毎回営業のハードルが高くなり、苦労することになります。

「今はこれだけしか買わなくてもいいから、次もぜひ」という気持ちで接すること

ができれば、営業は楽になります。

ファンになってもらうこと、次も、そのまた次も買ってもらうことを目指すなら、値引きや特典もつけやすくなります。すると客も気分が楽になり、「また次も」という気持ちが生まれやすくなるのです。

このような気持ちで営業を行えば、次回の営業がグンと楽になり、そのまた次はさらに楽になる。**ライフタイムバリューを意識した営業は、売り上げを達成するだけでなく、自分も客も楽になる方法なのです。**

本当のクロージングは成約のあとにある

営業の仕事を時間軸で考えると、初めて会ったときの挨拶から始まり、商品の説明をし、相手の疑問に答え、意地悪な質問や嫌味にもめげずに対応し、条件が出されたら譲歩したり拒否するなど交渉し、相手をその気にさせ、納得のいく条件を提示し、そしてクロージング。これが基本の流れです。

しかしながら、クロージングした途端にホッとして「任務完了！」となり、営業モードから解放されてしまう人が多いように感じます。

ここで、相手の気持ちを考えてみましょう。

自分も疲れているのと同様に、相手も売り込みの言葉や説得の言葉を浴び続け、疲れています。そして、「買う（あるいは「契約する」）」と決めたあとも、心のどこかで「本当にこれでよかったのか」と、決断を問う声が響いています。

一度「買う」と決め、しかも相手の営業に伝えたのだから、そこから「やっぱりやめます」と言い出すことはまずないといってよいでしょう。

しかしそれでも「これでよかったのか」という心の声は響くもの。それは自分が高額商品を買ったときのことを思い出せば、理解できるはずです。

そうした葛藤が胸の中に渦巻いているとき、目の前の営業が単純に喜んでいて、事務的に次のステップ、すなわち商品を用意したり契約書を用意したりなど、着々と「お買い上げ」の準備を進めていたら、どんな気持ちになるでしょうか。こうしたとき、人は少し冷めた気持ちになるものです。「さっきまであんなに必死に売り込んでいたくせに、買うと決まったらニコニコしちゃって、現金なものだ」「さっきはこっちのことを考えてくれているようなこと言っていたけれど、所詮売るためだったんだな」というように。これがひどくなると「もう二度と買うもんか」にもなりかねません。

真のクロージングは、売れたあとにあります。

つまり、「買う」と決めた人の心に浮かぶ不安や芽生えかけの後悔を取り除く言葉が必要なのです。とはいえ、うまい言葉を並べる必要はありません。

「あなたは本当によい買い物をした」ということを伝えればいいのです。

「このサービスは今日限りだった」「人気商品でもうすぐ売り切れるところだった」「専門家（あるいはその道のプロ、通など具体名を挙げて）が絶賛していて、自分でも使っている」など、価値を伝えて満足感を引き出すのです。

また、「帰ったらこんな使い方を試してください」など、そのモノがもたらす素晴らしい体験を伝えるのもいいでしょう。そうすることで「これでよかったのか」という不安や葛藤は消え失せ、一刻も早く使ってみたい気持ちになるに違いありません。買った人の気持ちに添う言葉を出すことが、リピーターにつながるのです。

営業術は「いかに売るか」だけではありません。「客に満足してもらい、次も買ってもらう」ことに一番の価値があります。それを心に置いて客と接することが、真に勝てる営業になる方法です。

「挑戦」だけが
自分をつくる

どんなことも、最初のうちは不慣れなことが多く、こなすだけで精一杯ですが、次第にそのおもしろさがわかるようになり、手応えを感じるようになります。そして今まで目に入らなかったものが見えるようになり、新しいことを試したくなる。

人がやることは、どんなことでも進化していくもの。営業でもそれは同じです。新人の頃に教えてもらった方法に慣れたら、違うやり方をしてみたい、違う業種に営業してみたい、新しい販路を開拓したい……など、いろいろなことに挑戦してみたくなることがきっとあるでしょう。

ところが、挑戦はいつも受け入れられるわけではありません。特に上司が古いタイプだったり、バブル時代を引きずっているような熱血営業だったりすると、頭ごなしに反対される可能性が大きいでしょう。

「そんなやり方をしてうまくいくわけがない」、「考えが甘い」など、さまざまなことを言われるでしょう。要は自分がやってきた通りのことをやれ、つまらないなど文句を言うな、そうやって耐えて仕事するのが営業だ、ということです。

私は、すべての人に必要なのは「挑戦」だと思っています。

自分が何かやりたいこと、なりたいものがあるなら、それはやってみるべきです。周囲がなんと言おうと関係ないではありませんか。

時間はいつも同じで永遠に不変です。どのようなことが起きても1秒は1秒だし、1日は24時間です。ところが、自分が好きなことをやっているときの1時間はあっという間に過ぎ、好きでもないこと、つまらないことをやっていると1時間は永遠のように長く感じられます。

つまり、好きでもない仕事をやっていたり、おもしろくないやり方をしていると、仕事をしている時間は死ぬほど長く感じられるはずです。時間が長く感じるということは、その分だけ歳をとっていると考えることができます。実際、やけに時間が長く感じられるときは、いつも以上に疲れているはずです。

それなら、**おもしろいと感じること、やりたいと思うことをやるほうが何倍もいい**し、余分に歳をとることも疲れることもないはずです。

「忍耐」だって同じことがいえます。やりたくないことを我慢してやる「忍耐」は、おそらく地獄のような苦痛があるでしょう。しかし、やりたいことをやる上で生じる

「忍耐」は、ゲーム上に現れたイベントのようにワクワクするもの。やる気があふれて気持ちが高ぶります。

この本を読んでいるあなたは、もしかしたら一生営業という仕事を続けようとは思っていないのかもしれません。

営業は今だけの仕事で、ゆくゆくは別の仕事をしたい、あるいは独立起業したいという夢を持っている方もいることでしょう。

そんな方にとっては「営業は仮の姿」なのかもしれません。しかし、もし「営業という仕事からは何も得るものがない」と思っているのだとしたら、それはとても残念なことです。

私はこの本で「観察力」「判断力」「行動力」「説得力」「忍耐力」の大切さを説いてきました。営業を通して手に入るこれらの力は、どんな職業に就こうとも、どんな場所へ行こうとも、確実にあなたの武器になり、あなたの人生をよりよいものへと変えていく力になるのです。

「やりたいことをやるなんて、現実は甘くない」という人は、自分がやりたいことができずに歳を重ねてしまったから、挑戦しようとする人が許せないのです。なぜなら、それを認めてしまったら、挑戦できなかった自分が惨めになるから。そして挑戦しようとするあなたに嫉妬し、邪魔しようとしているだけなのです。

そんな言葉に惑わされる必要はありません。

やりたいと思ったことは、挑戦してください。日常生活での余計な選択や決断を減らし、自分のやりたいことを選び、決断するために全力を尽くすことです。

そうすればもっと営業はおもしろくなるし、人生そのものが変わっていくでしょう。

そうなることを、心から祈っています。

まとめ

☑ 目先のノルマに焦らない

大金を使ってくれるリピーターは一握り。ノルマを早く達成しようと「大金を使う客」ばかりを狙うと、毎回苦労することに。それよりも、少額でも「次も」買ってくれる客を狙おう。リピーターになってくれる客が増えるほど、営業が楽になっていく。

☑ 売れてホッとした態度を客に見せない

真のクロージングは、売ったあとにある。意気揚々と契約書を用意するより、「人気商品で売り切れ寸前でした」「専門家も褒めていて、自分も使っています」など、満足度の高まる言葉をかけよう。買った人に寄り添う言葉が、リピーターを増やす。

☑ やりたいことを諦めず、挑戦をしよう

「現実は甘くない」と言われても、やりたいことがあれば挑戦すべき。日常生活での余計な選択や決断を減らし、自分のやりたいことを選び、挑戦するために全力を尽くそう。そうすれば営業はもっとおもしろくなるし、人生も豊かになる。

おわりに

最後まで読んでいただきありがとうございます。

トークいらずの営業術はいかがだったでしょうか。

「はじめに」でもお話しした通り、営業はそれ自体よりも、営業をすることで得られる経験や知識に大きな価値があります。

もしかするとあなたは、今は営業だけれど、将来は出世して管理職になるかもしれないし、独立して起業するかもしれません。

営業を通して身につけることができる力を最大限活用することができれば、さまざまな可能性が開けることは間違いありません。

ですから、もしあなたが営業に対して苦手意識を持っていたとしても、営業を嫌いにならないで欲しいのです。

私も経験がありますからわかりますが、この社会には営業を見下したり、営業に否定的な言葉を投げかけることばかりする器の小さい人間が存在します。最初の頃は、私も個人で、しかもほとんどが飛び込み営業でしたから、さまざまな罵詈雑言を浴びせられたこともありました。だから、あなたの辛さはよくわかります、痛いほどわかります。

しかし、そんなときは、未来のために自分の心を鍛えているのだと考えてください。辛いことを乗り越えるたびに、一歩ずつ前に進んでいるということを思い出してください。私も、あの時代があったからこそ、自由な生き方ができるようになったと思っています。そして、あなたにもいつか私と同じように感じる日が必ず来ます。書籍などを通してですが、私も力になります。負けないで頑張ってください。

メンタリストＤａｉＧｏ

参考文献

「心理戦」で絶対に負けない本　実戦編　説得する・支配する・心を摑む
（伊東明、内藤誼人／アスペクト）

モノが少ないと快適に働ける　書類の山から解放されるミニマリズム的整理術
（土橋正／東洋経済新報社）

生態学的視覚論　ヒトの知覚世界を探る（J.J. ギブソン 他／サイエンス社）

誰のためのデザイン？　認知科学者のデザイン原論
（D.A. ノーマン 他／新曜社認知科学選書）

アフォーダンス―新しい認知の理論（佐々木正人／岩波科学ライブラリー）

Power Posing　Brief Nonverbal Displays Affect Neuroendocrine Levels and Risk Tolerance
（Dana R.Carney ／ Psychological SCIENCE）

成功する人は、２時間しか働かない　結果を出すための脳と身体のピークのつくり方
（ジョシュ・デイヴィス 他／徳間書店）

サクセス・オーディオ・ライブラリー vol.2 「トップゲティング・プログラム」
ナイチンゲール・コナントサクセス・オーディオ・ライブラリー日本語版
（アール・ナイチンゲール 他／きこ書房）

影響力の武器［第三版］なぜ、人は動かされるのか
（ロバート・B・チャルディーニ 他／誠信書房）

世界でひとつだけの幸せ―ポジティブ心理学が教えてくれる満ち足りた人生
（マーティン・セリグマン 他／ アスペクト）

ポジティブ心理学の挑戦　"幸福" から "持続的幸福" へ
（マーティン・セリグマン 他／ディスカヴァー・トゥエンティワン）

著者プロフィール

メンタリスト DaiGo（めんたりすと だいご）

英国発祥のメンタリズムを日本のメディアに初めて紹介し、日本唯一のメンタリストとしてTV番組に出演。

その後、活動をビジネスやアカデミックな方向へ転換、企業のビジネスアドバイザーやプロダクト開発、作家として活動。著書は累計450万部。趣味は1日10～20冊程度の読書、猫と遊ぶこと、筋トレ。

ビジネスや健康法、恋愛や子育てまで幅広いジャンルで人間心理をテーマにし、YouTubeや独自配信アプリ【Dラボ】にて動画配信を精力的に行っている。

https://daigovideolab.jp/

出版プロデューサー	平田静子（ヒラタワークス）
取材・編集	堀田康子
撮影	浦川一憲（IKKEN）
ヘアメイク	永瀬多壱（VANITES）
イラスト	BIKKE
装丁デザイン	大場君人
装丁フォーマット	宮下ヨシヲ（サイフォン グラフィカ）
本文デザイン・DTP	渡辺靖子（リベラル社）
編集	鈴木ひろみ（リベラル社）
編集人	伊藤光恵（リベラル社）
営業	津田滋春（リベラル社）

編集部　山田吉之・安田卓馬
営業部　津村卓・澤順二・廣田修・青木ちはる・竹本健志・春日井ゆき恵・持丸孝
制作・営業コーディネーター　仲野進

※本書は2018年に小社より発刊した『トークいらずの営業術』の新装版です

トークいらずの営業術 新装版

2021年5月31日　初版

著　者　メンタリスト DaiGo
発行者　隅田　直樹
発行所　株式会社 リベラル社
〒460-0008　名古屋市中区栄3-7-9　新鏡栄ビル8F
TEL 052-261-9101　FAX 052-261-9134　http://liberalsya.com
発　売　株式会社 星雲社（共同出版社・流通責任出版社）
〒112-0005　東京都文京区水道1-3-30
TEL 03-3868-3275

ISBN978-4-434-29062-6　C0130
落丁・乱丁本は送料弊社負担にてお取り替え致します。